文學叢刊

芯心著

晚杜鵑

文史哲出版社印行

國家圖書館出版品預行編目資料

晚杜鵑 / 芯心著 -- 初版 -- 臺北市：文史哲, 民 97.03
頁：　公分 --（文學叢刊；199）
ISBN 978-957-549-777-4（平裝）

855　　97005281

文學叢刊 199

晚杜鵑

著　者：芯　心
出版者：文史哲出版社
http:// www.lapen.com.tw
e-mail：lapen@ms74.hinet.net
登記證字號：行政院新聞局版臺業字五三三七號
發行人：彭正雄
發行所：文史哲出版社
印刷者：文史哲出版社
臺北市羅斯福路一段七十二巷四號
郵政劃撥帳號：一六一八〇一七五
電話886-2-23511028・傳真886-2-23965656

定價新臺幣三〇〇元

二〇〇八年（九十七年）三月初版

ISBN 978-957-549-777-4　　08199

自序

流光如水，自出版「回首依依」，轉眼忽忽八個年頭。

八年寒暑，遭擊兩度不幸憾事，先是長女離去，我一直假裝他還在海外那幢熟悉大宅，只因事忙疏通訊息，壓抑無法承受的事實。

隔兩年，么女也罹癌走了，重重擊垮了一顆重創的心，一位溫哥華好友，在電話那端無限感慨，嘆氣說：「丈夫先走還說得過去，人老了，走得總有個先後，但女兒過早離你而去，實在太沒道理了呀！」

歲月稍微撫平傷痕，忽生將斷殘散章結集成册的想望。但憶及上回「回首依依」出版前，么女爲我送稿送審，一校再校，看編排，商細節，一等新書上市，忙著郵寄遠方的大姊，分贈至親好友及同事，那份起勁、貼心，如今想起，悵惘之餘，除了感傷，還是感傷！

或許，傷痕會隨時間消淡，但是，思念卻長遠無止盡。

收集在這兒的，是這些年來在報章雜誌發表過的文章，一小部份是先前出書，未及收錄的遺漏片章，新新舊舊，彙彙集集結合而成。

這許多文字，都屬發自內心的生活抒懷；人生旅程的世間滄桑，且作暮年已至的精神成果，浮光掠影的歲月印記，並紀念隕落的兩顆流星——今生至愛的兩個女兒。

晚杜鵑 目錄

第一輯　山間之歌

秋光

一、牽牛

坡上的雜樹林，長滿爬藤牽牛花，掛滿濃葉，當花苞開挺，宛如升起一片紫霧。濃稠綠葉，替樹木披上件件綠衫。垂掛成條條流蘇，花開著時，倒像泰國佛誕節滿綴鮮花的象群。

喇叭花早綻暮收，它是晨間的鼓號手，暮晚又把花朵的空杯輕輕收起，明天再把小漏斗灌裝晨露。

盛夏裡，花朵自早至暮開開合合，比時鐘還準確，不因風雨而停歇，不爲慵懶而漏忘。早起見它開得燦爛，暮時將軟趴趴的皮肉緊緊收縮，它的盛放期，總是在燠熱的長晝夕午，蟬聲的朝吟晚唱時。

然而，它也是最敏感的植物，當黃曆剛出現「秋分」字眼，當學子才終結暑假，當太陽不再火般燃燒，就在那一個清晨裡，忽見林中似有東西晃動，起初似有若無，慢慢全都顫動起來。在這晨光中，既無風搖，也沒鳥舞，怎會無風自動？

再一定睛，喲！原來是千朵牽牛，波浪般潺潺湧動，朵朵綬放，須臾間，花苞朵朵綻開，正在完成一天生命的燦放。

翌晨，再想看看花綻滿樹林的盛況，卻已不見牽牛，緊縮的花魂，前仆後繼，擲地有聲地急墜隕落，原來，昨天的乍然奔放，正是生命終結的告別。

今朝依舊見到花魂像群跳躍精靈，紛紛在山坡落地，這讓我想到，愈到生命顛峰的極致，愈是飽和圓融地燦爛奔放。這就如同赴湯蹈火的勇士，愈有風蕭蕭兮易水寒，壯士一去兮不復返的壯闊。

牽牛，它將等待來年夏至，重新展現燦爛生命。

二、秋 寺

一直嚮往，常被煙霧繚繞的山中寺院。

但總覺得，那不知名的廟隔得好遠，有沒有路通往那山？有沒有腳力登上山坳？

直到有一天，開車前往尋找，眞不錯，那兒有山道林徑延伸，逐山而去，果然找到那座廟。

高翹的飛簷，金黃琉璃瓦的傳統式建築內，竟然不聞梵音，不見香火，脫鞋進入空蕩寂靜的大殿，喲！供奉的神佛可眞多，從中國的　國父孫中山到天庭的玉皇大帝，從釋迦牟尼到穆罕默德，包括了世間神明哲人，集儒佛道教於一身，眞正是：四海一家、天下為公。

從平台俯瞰我們的來處，櫛比鱗次的住宅區，堆堆疊疊，全都在輕霧覆蓋中，正如昂看山中的廟宇，隱在山嵐茫霧中一樣。

那頭望這山，這山望那頭，原來都是一個模樣，由此想見：人在霧中不自覺，人陷迷霧更不自知。

溽暑時，廟宇經常隱蔽在雲霧籠罩中，看過去迷迷離離、隱隱約約，尤其是在清晨。然而，入秋之後，清早晨霧沒了，廟的輪廓深了，肉眼可以穿透那金黃的瓦屋，飛翹的簷角，清晰地分辨出廟後的樹叢，舞動的葉浪。

夏天朝陽，常常照得廟宇晶亮刺眼，目爲之眩。入秋以來，秋陽照射寺院，金光閃爍，眼爲之亮。

秋山群樹蓊鬱，飽和豐實，綠得好似掐得出水；秋寺更是山色映襯，亮麗溫潤，沐在金風送爽的秋空裡。

秋是透明的光，可以穿越雲層，穿透天空。

90·10·13青副

過了兩回春

今年夏天來得早，三月尾梢櫻花早落，四月初旬已是相思枝打苞、油桐花將綻的初夏微暑了。

清明過後來到溫哥華，這兒四月，除了針葉樹常青，行道樹還是枯枝戳天，晨間呵氣如霧，鴉鳴在頭頂聒噪，落磯山頭白雪覆蓋，此地猶在冷風寒峭中。

不過，趕早的迎春花率先迸放，花滿遍地了，俊俏的鬱金香也一氣呵成，亭亭玉立。北國獨特的瓊花玉樹——木蘭，花大瓣厚，粉紫千朵開放一樹，它的璀璨豔麗和枝多繁美，只有櫻花才可相比。

而不知名的瑩白花樹，盛開路旁和住家庭園，白花花的透亮發光，好似落滿一樹雪花，在陽光中熠熠閃爍。

這時候，加拿大杜鵑的松果般硬苞依舊緊閉，在冷風中毫無動靜，櫻樹撐著枝枯椏禿的肢體，沒人識得它身分，果樹也還蓄勢待發。

不多久，所有花木次第開放，樹芽萌發嫩葉，草坪迅速滋長，知更鳥啣泥築巢，野鴨回到湖邊，帶來了牠們的後代……。

緊接著，公園裡的櫻花全部盛開，綠草地一大片櫻海，粉豔豔地照亮了雙眸，濃濃密密，重重疊疊的花花蕊蕊，像燎燒的火焰。

園中一棵百年老櫻，四垂的櫻枝佔地遼闊，矗立的老幹伸向藍天，周圍的櫻林至少也有八、九十年樹齡了，這天，不少情侶在花林中拍攝婚紗照。

那山坡上的櫻林，同樣燦放如火、明豔照人，有些地段的老櫻樹也在有意無意間發現了它們。其間，多半是得知櫻縱訊息專程去尋訪，但另一次卻是在毫無預示的情況下不期而遇。

有天在窗前佇立，左顧右盼，好生奇怪，那冒出層樓的，怎會東也浮出一片紅艷，西也升起一團紅霧，連忙走上陽台探看，近處遠處，竟然全是紅影流盪，一路繽紛。

原來，外面那條馬路上，左右兩旁，都是盛放的櫻桃樹，把長長一條路全都映紅了。春天的行道樹，有的櫻林夾道，有的白花分列，一片雪白和紅透整個路段的花海，以及一樹千千萬萬片的大葉青楓和高壯榆樹，構成一幅春城無處不飛花的自然景觀，令人目不暇給，欣賞不盡。

春意日濃，各家庭院從深冬就結了苞，原先還在寒風中緊縮未放的加拿大杜鵑，也替春光加濃顏色，纍纍鱗苞，透出一抹抹紅意，一天一變的轉化下，鱗鱗千瓣一齊展開，聚成一個個大花球，而纍纍花球緊靠依傍，又匯成一棵棵大繡球樹。

那花大數大的大塊文章，眼睛都被醉紅了。

當櫻花還在漫天競舞，杜鵑開得如火如荼之際，我又匆匆離開那兒，只是，覺得今年很幸運，過了兩回春，趕上又一次春的盛情邀宴，花的嘉年華會。

儘管回家時正值非典型肺炎病毒高峰期，令人十分不安，也是溽暑炎夏起始時，鼎沸熱浪就此展開。但是，來勢洶洶的病毒終究會遠離，灼灼烈夏的盛暑終歸會迭替。那麼，婆娑多姿的美好日子，又會像繁花般燃燒出一片嫣紅，進入我們的生活與心中。

92·7·11青副

蟬與荷

荷葉田田

「荷花荷花幾月開，六月不開七月開…」

這是女孩們愛唱的童年兒歌。

「江南可採蓮，蓮葉何田田…」

這是荷葉浮於水面的河塘風情。

荷花是夏日最美的水生植物，最富詩意的江南即景，每當荷塘的蓮葉，浮在水面輕輕流盪，晶瑩露珠盈盈輝映，高擎的荷花亭亭玉立，輕香浮盪時，最是賞心悅目，引人入勝。

荷葉與晶珠，總與菡萏溫馨相伴，月光、星河也與炎夏密不可分，因此，六月又稱荷月，荷是夏天的主題曲。

荷葉隨風款擺，荷苞花影動人，是江南常見的夏日風光。除了一流碧水的荷塘荷池外，就是一般普通人家，天井或庭院也都擺有一缸缸荷花，由於小河縱橫，河泥取得容易，在養分肥沃助長下，栽下的藕種，很快抽長，到了花開時節，荷葉密密覆蓋，荷花枝枝飽滿，菡菡不斷，輪番展放，隔著軒窗欄杆，就可觀花賞荷，一等蓮蓬結實成熟，又可採食蓮子了。

只要起個大早，心思特別敏銳，定會聽到荷苞初綻的絲絲微響，看到花苞輕輕釋放，那是世間最美妙的官感享受，最動人的千金一刻。

猶記八、九歲的時候，跟隨姊姊，在天濛濛亮的大清早，守在荷花缸旁，等候荷花從含苞到微放，從半放到開透的神秘過程。

果然，聽到了花朵初綻的微微細聲，花瓣微張的徐徐顫動，最後噴出陣陣馨香，雖然當時年紀小，也能感受一份心靈的悸動。

不沾一絲塵埃的荷葉，純淨溫潤，是粉蒸肉作底，荷葉粥添加的好食材，蓮蓬與蓮藕，又是冰糖蓮子、糖醋鮮藕的滋補物。

荷花清麗脫俗，輕盈娉婷，而花果琳琅，渾身是寶，即使入了秋季，聽聽那雨打荷塘的沙沙細響，另有一份「留得殘荷聽雨聲」的清閒之美。

蟬聲悠悠

漫漫長夏，是蟬兒歡唱的季節。

牠是隨伴你從小到老的夏季歌手。

聽到牠第一聲嘶鳴，就想起了小時候的捕蟬樂，年輕時的夏日情，老年後春暉夢華，喚醒以往的回憶。

悠悠蟬聲在鄉野在城鎮，只要有樹，牠就會在樹端枝頭振翅響起，從幼唱到老。悠悠長鳴，像綿綿不絕的絲絃，彈得你昏昏欲眠，隱隱入夢。群唱共鳴，又如浩浩壯壯的交響樂，宛如江水滔滔，激流湧湍。

蟬的種類多，叫聲也稍不同，通常在樹枒此起彼落的知了、知了聲，多半是夏蟬和草蟬，涼一、涼一的顫抖鳴叫，又是屬於熊蟬和寒蟬了。

蟬有天然保護色，有像樹皮般灰褐色，有像樹葉般金綠色，翼薄透明，翅有雲狀紋，牠們的身影在樹幹葉叢間，如不仔細搜尋，很難找到牠們蹤影。

牠們蟄伏泥土長達十多年，蟬蛹脫殼羽化成蟬，便爬上樹端開始歡唱，但也只有短短十天，便要結束一生。

因此，牠是生命最短暫的昆蟲，涵養生息蟄伏十數年，浮生若夢僅僅一旬，牠們的主要任務，就是爲大自然而唱，爲生命而歌。

孩提時代不懂得天地造化的故事，生命傳承的珍貴，常常，躲在樹底下守株待兔，把一隻隻停歇的蟬兒捕捉在黏網，捉回養在竹籠或縛繫在柱子上，一心想要獨聽它的鳴唱，不料翌晨醒轉，一隻隻僵硬如蛹，雖感耿耿然，仍然隨手一扔，作爲螞蟻爭奪的食糧。

那時怎會想到，牠們的生命如此短促，怎能任性剝奪牠們生存的權利，連短短數天都不讓好好度過？

是的，群蟬競唱有時難免覺得喧譁，但卻能使人沉入清涼寧靜與和平之中，蟬的壽命雖短，但牠們的優游自鳴，沉穩鎮定，卻也令人領會生命的珍貴。

在炎炎夏日，少了唧唧蟬聲的綿密繁唱，便不成爲夏天，一如春天缺少了繁花纍纍的絢麗燦漫，便不成其春天一樣。

91・8・14青副

果樹與野樹

花果巷

五十二年前剛搬到台中，住的是日式木造屋，條條巷子，屋型樣子一律，種的果木卻各種各樣，每當花落果熟，纍纍果實，掛在枝頭，像球又像鈴。

那時，是個不識熱帶果木的人，後院一棵不知名的樹，結滿味道特異的青果，到了黃熟紛紛掉落。幸好，還未跌落前，早有不少赤足孩童來採擷，問過才知道這叫芭樂樹。

前院一棵闊葉矮樹，環擁一圈澄黃色的果，不知它是怎麼樣的植物，是水果還是蔬果？有天摘下一粒自認爲南瓜的果，剛剖開，一股雞尿味沖鼻，渾圓黑子散亂一地，嚐都沒嚐，就將它丟進了垃圾筒。後來才知道叫木瓜，含有豐富營養素，對身體健康非常有益。

巷頭一家圍牆裡一棵綠蔭蔽空的昂揚老樹，春末夏初，懸掛一樹風鈴，在風前一陣陣搖動，不知那是什麼果。

有天，幾個孩子經過，指向果兒不住地喊：「連蒲！」「連蒲！」

這才知道它的芳名叫蓮霧。

有幾種果倒也識得名，就像葉子細碎，果實成串的龍眼樹，那是南貨店與紅棗黑棗、胡桃乾栗並陳的桂圓，祇不過，有樹頭鮮和乾燥後的不同。

此外，圓滾滾的黃果是柚子樹，一串串倒懸的是香蕉樹，小白花飄香的是橘子樹……。

除了果樹，還有火紅的鳳凰木、酡紅的聖誕花、枝枝葉葉的扶桑，把每條巷子點綴成熱鬧的花果巷。

火炎炎的陽光下，那紅灼灼的鳳凰木，曾經照亮我的青春歲月，而亮燦燦的花果巷，幾經追尋，不復存在，僅留一段詩情的懷念。

一棵野樹

兩年前牆外水溝邊，忽然蹦出一棵小樹，瘦伶伶的一小截枝，稀疏疏的幾小片葉，並不起眼，也未拔除。

幾個月後，竟然長成半人高了，莖葉簡陋依舊，細枝脆弱依舊，就讓它長在那兒。

就在不知不覺間，有天看見幾乎要驚叫起來，它的幹兒一下子硬了，它的個兒有膀子般粗了，拔除已不可能，於是找一把鋸子，要想鋸斷它。

祇是，鋸子才深入不到一寸，竟然就被堅硬木質卡在裡面動彈不得，這時暗忖，我憑什麼，無緣無故，剷除一棵野樹的生長權利？

於是，決定讓它長在那兒。

再半年，它長得愈來愈粗壯，斷口鋸痕雖猶在，枝幹卻扶搖直上，拚命亂竄，與四層樓並高，濃濃密密的綠葉，把公寓樓層每片玻璃裝上綠窗紗。

或許，它是汲取了溝水充足養分，而長得如此高大；或許，它有永不屈服的頑強，而神態這般激揚。

常常有人問起：溝溝邊上怎會多了一棵聳然佇立的樹？

誰又知道，這是自生自長的一棵野樹，永不可侮的一股衝勁突破而出的！

野樹由弱轉強，從不起眼到快速茁長，僅祇年把光景。可想而知，起始於土裡一粒細微的種子，便會長成一棵大樹，那麼，山坡上一處處綠樹林，也是如此繁衍起來的。由一粒種子長成大樹，大樹種子掉下來又長成另一批樹苗，如此循環綿生，就成蓊鬱蒼翠的山林。

我們同是自然界的微小生命，大宇宙中的一粒微塵，由胚胎發芽，由種子成長，綿續不息，構成蓬勃豐盈，永無盡止的生命力。

91·2·21青副

春滿花村

台北木柵附近山區，處處有茶園，還有一個杏花林，近年來很多人都去賞過花。

入春以後，花訊早來山坡地，所有的花一齊開放了，那許多粉紅、橘紅、雪白的花樹，當風揚起，空氣裡蕩漾著縷縷清香，滿坡樹影在金色陽光中舞動。

徜徉花間踏春尋訪的人，手裡大半拿著相機，對準鮮花，獵取鏡頭，一張張照了又照，但也無法將遍綴的花兒涵攝無遺。

看起來，粉紅的重瓣花，尖細的嫩綠葉，使人深深憶起家鄉的桃花。春天的二、三月裡，桑田阡陌間，河岸小溪畔，多的是爛漫桃花；婆娑垂柳，那可眞是桃紅柳綠，一片錦繡呵！

但是在這兒，爲什麼把美麗的雙瓣桃花，叫成了杏花林呢？還好，那天有個賞花團一位解說員，釋去了心中迷惑。

他說：這兒的花樹，實際上都是桃花，是經過一番改良、培育、接枝、移植等過程，繁植起來的觀賞桃。桃花葉細尖，杏花葉卵圓。這種觀賞桃不會結果，實用桃才會結子，正因爲桃的類型非常多，而桃杏花形又極相似，久而久之便叫成了杏花。

坡道上的雙瓣桃樹，凡是老幹擴展的枒杈，花朵絢麗，全是老樹再生，後植的抽長枝柯，朶朶桃紅，暈染一片花林。

它們全像人般高，有些開挺的桃，雖已見落英繽紛，但滿綴的花苞，又前仆後繼地萌發，讓山坡上的桃，在花季中奔放得淋漓盡致、花團錦簇。

花坡上，後山相思林蒼碧，前面屋宇層疊，下面山路迴旋，眼前繁花歡燦，站在那兒，心醉神迷，不禁想起詩經「桃之夭夭，灼灼其華……」。

不過，花農仍認爲這是杏花林。祇是，桃也好，杏也好，它們同屬落葉果樹。橘子生淮南稱之橘，長在淮北就變成枳；那麼，江南的桃，長在海島的，姑且當做杏也不爲過。

春風滿溢桃花林，人人捧得鮮花歸。在那兒，花農把花枝折下，用繩紮緊，一束束賣給遊客。花開堪折直須折，莫待無花空折枝！買了幾束桃，回家插在瓶中，客廳充滿淡淡幽香，一截截迸放的花枝，你依我靠，就像一樹樹盛放的桃林，前簇後擁。

我把山坡上的春花，移植到家的天地間來了。

90·4·11榮光周刊

金門之春

花木知多少

幾年沒去，金門變化多。

那兒的大地，葉葉叢叢，百花正芬芳。

黃豔豔，紅燦燦的木棉花，在枝頭高峰。嫣紅奼紫的金蓮花，千花百卉接應不暇。變種的牽牛花，綠雲紫霧般垂滿榕園；白馬櫻丹開遍翟山坑道外。而氣根合抱、綠蔭華蓋的大榕樹，青蔥鮮碧，鳥在春風濃影間穿梭……。

那兒的景象欣欣榮榮，日日都在更新。

穿著迷彩服的官兵們，一身芒彩，英姿勃發，恍如海上的彩暉。樸實的居民，勤勉工作，忙碌而有活力。街上樓屋老屋，把城區鄉郊將要連接起來。

郵儲有了跨行，戶政有了電腦，電信全部自動化。料羅灣建了港，設了站，遊覽景點常有不期而遇的觀光族。

不變的是歷盡風霜的木麻黃，已成年高德望的古樹群，馬尾松、相思樹、闊葉喬木和梅桃等果木，早由黛綠年華轉爲豐碩圓熟。莒光樓前的羅漢松，一路的榆樹和苦楝，也依舊軒軒昂昂，葉影斑爛。

說起金門的樹，有過一頁眞實生命的成長史，堅忍不屈的篤實美。回憶昔日情景，樹苗是怎樣從風砂狂妄，被砲火破壞得寸草不留中，澆灌滋長，萌芽生根的？那全是弟兄們心血的凝集，汗水的灌漑，愛和力長時間照顧茁壯起來。那時候，弟兄們在戰備構工之餘，一人分配照料一棵幼苗，像母親哺育一個嬰兒般殫精竭慮，細心培植，一季季，一年年，從弱不禁風長成綠海巨林。

樹群們與歲月共進退，看盡戰地滄桑，它們見證過古寧頭大捷、八二三砲戰，目睹過砲轟彈擊，灰飛煙硝。傾聽擎天廳、坑道隧道和花崗岩醫院、迎賓館的開鑿完成，歌頌堅如磐石的金門精神。

幼木之所以蔚爲茂林、金門之令人肅然起敬，全在於特殊的歷史背景，可泣的動人詩篇，軍民的意氣奮發凝鍊成的非凡不朽。

亮出一片天

一位朋友說，金門高粱酒的甘醇是四周牡丹花的香氣薰染出來的。

其實，酒廠附近並沒王者之香，而是因爲高粱的稻花香，海島的空氣好，甘泉的水清澄增加了芬芳的層次感和深度感。

還沒走到酒廠，醇香已經衝鼻而來，還未點滴沾口，已被瀰漫四周的微醺醉倒了。

金門高粱酒是無價之寶，產量是主要財源收入，豐富了金門，也富裕了金門人，每月的老人年金，高中以下學生免學雜費和營養午餐，低收入貧戶照顧，全是酒廠盈餘提供，使島上百姓，得天獨厚享受最好的福利。

追溯當年，戍守島上的將士，在冬夜裡啜飲一口高粱禦寒時，身處鐵絲網下的碉堡，戰事就在眼前進行，抬頭所及，孤星抖擻，澹月昏黃，砲在頭頂飛嘯，血在胸膛高漲，來自海上的潮響，似在湧起悲壯的涼州詞：「醉臥沙場君莫笑，古來征戰幾人回⋯⋯」

而今，半個世紀流逝去，戰地風光被人淡忘，金門高粱隨著遊客手，攜入了機艙，帶到了海外，成爲餽贈親友的珍品。每當高粱半甕邀人酌，酒酣耳熟陶然間，讚嘆從口中汩汩而出：「金門高粱老酒香，酒逢知己千杯少！」

除了酒，金門還有一項烽火傳奇色彩的地方土產——砲彈菜刀。

那天，師傅滿風趣的指向地上一堆砲彈殼說道：這些彈殼，都是對岸飛送過來的禮。又指指一圈內殼說：尤其是這種砲宣彈裡層的東西鋼質最好，可以打出一把把削鐵如泥好鋼刀。

早年對岸猖狂濫射的百萬餘發砲彈，到現在還有存貨，近年來又從地下挖出不少，因此彈殼源源不絕，做刀材料不虞匱乏。

師傅取了一小坨黑黝黝的砲殼，轉身到作坊，用鉗箝夾緊投入熊熊烈火烤紅冶煉，切割剪成粗胚，在旋轉磨輪中壓出鋒面，再用銼床粗磨細磨，約莫十來分鐘，便打出一把雪亮刀。

製造菜刀的念頭是怎樣來的呢？追溯砲戰期間，對岸飛射過來的砲彈落得滿坑滿谷，村莊斷垣殘壁，百姓肝膽俱裂，百業蕭條，田地荒蕪，鋤者沒活可幹，鋪子沒貨可售，困守家園的老百姓，突然湧起一個念頭：這種東西，何不拿來好好利用？

於是把撿拾不完的砲彈殼，拿到鐵舖燒燒熔熔，打打磨磨，煉出許多柴刀、菜刀。

念頭這一動，走出戰火創傷，找到生活出路，金門人點亮了自己的天空。

現在，走過一家家老店分店專賣店，滿櫥窗菜刀、剪刀，那燦白的金屬品，閃發出燦亮的鋒刃之光。

90·6·2青副

古村幽思

金門的民俗村，是保存得最完整的古村落。

閩式二落大厝聚合成的衆屋群，建在清光緒年間，村中最大氏族是王姓居民。那數十棟大厝，燕尾山牆外面，間隔一條條長弄，格局一式的黑漆大門，垂下一對對門環兒，交阯陶壁面，彩繪濃烈精緻，古意的窗飾，雕鏤了花鳥圖案，村前青石板路，留著聲聲遠年的回音。

遺世獨立的民俗村，有古中國的典雅，閩南建築風韻。

其間幾戶官宦人家，簷廊懸掛一個個紅燈籠，花廳擺設著烏木太師椅，牆上滿是字畫屏軸，天井砌出形式各異的花壇。

除了宅第，還有家祠家廟、學堂鋪號，當你到達村落之前，舉頭高望，一片燕尾翹脊，翔飛在黃熟麥田上，又像一把密密黃梳子，浮揷在鮮亮的半空裡。

這兒叫它爲「梳式布局」，眞是極妙的名稱。踏進村子，乍見整個景象，活著似地——裹小腳的婦人挽著竹籃，踏著石板路，蹬蹬響響；拿著紙硯筆墨的學童，朝向祠堂私塾，蹦蹦跳跳。喲，那兒還有么喝聲呢！豬羊牛肉切在鐵鉤子上掛著，粿炸醃菜放在缸邊磨旁叫賣，還有熱騰騰的蚵仔煎，粥糜的鮮味飄散滿村……。

從幽思中定過神來，幻覺隱失，空氣中眞的有蚵香麵香。原來，這是從一間開設小吃店的老屋，飄送出來的。

可不是嗎？古屋群中一家小吃店，賣著香噴噴的蚵仔麵線等閩南沿海口味的地方小吃，對岸訪客和台灣觀光客，都在這兒嚐過美味，對蚵仔麵線肉羹等，讚不絕口。

村的盡頭不遠處，另有個空蕩蕩的小廣場，擺著一排排石臼石磨和樸拙味的瓦缸瓦缽，上面棲息幾隻水鳥，這該是想像中的小菜場了吧？

民俗村有吃食店，還有一爿洋廣雜貨舖，這正如萬國博覽會有餐飲業；狄斯奈樂園有麥當勞；白朗峰頂有館子一樣的道理，是飲食文化中不可缺的特殊傳統呵！

金門民俗村是當地旅日華僑王氏父子倆，在海外創了業、積了財，思鄉之餘，號召故里親友，興建起來的華麗大厝；石雕精細、牆垛厚實，材料全出自石師之手。

綜覽大厝，令人沉醉！那些早期聚落的人事品物，向陽門第的架構形式，裝飾題材的多采多姿，無不泛出舊世代的光彩。

這份優美的文化遺產，說明了王氏父子人在海外，心繫故里的愛鄉情操，也恰是飲水思源的最佳範例。

90·5·30榮光周刊

山間之歌

那一天，我們來到新竹縣橫山鄉的內灣。

車子一進入，便看到淡黃粉白野花間，或是青蔥菜園裡，飛滿了蝴蝶，白花花、鬧哄哄的，好像白雪紛飛。

山裡蝴蝶何其多，多得神爲之眩，眼爲之花。

再看看菜園裡。蹲在那兒整菜的婦女，頭頂上、鬢髮上，飛滿白蝴蝶；而那位男主人拿鋤頭把土耡鬆，拔出一根根巨大蘿蔔時，大群大群的白蝴蝶，飛撲旋舞，圍滿了他的豐收物，好像在慰勞他的辛勤。

蝴蝶的慇勤飛舞，像極了內灣國小的山居兒童們。當我們進入他們校區，時而一群，時而一堆的學童通過我們面前，慇勤有禮地發出問候：「貴賓們好！」

原來，那布告欄上，除了寫著當天的時事新聞外，還寫著一則：「今天下午新聞局貴賓來訪本校！」

臉蛋紅撲撲，走路蹦蹦跳的小朋友，全是大山兩側的孩童。有些步行半小時，甚至走上一小時，從遙遠的山上，到這所學校上課。

百餘名孩童，唇紅齒白，活潑天真，功課也好，框內張貼著許多品學兼優的模範生照片，還有許多舉辦活動的紀錄照片；良好的學習環境，與平地一般小學校一般。

校內的教職員，也是清一色的山居青年，個個認眞教學，充滿一片蓬勃朝氣。

這天正是周末星期六，老師還陪伴著兒童，上著美勞課，小朋友們專心致志地做著色紙燈籠；做好以後，大伙兒衝出課堂，把彩燈拋得好高，盡情地賞玩親手完成的作品。那雜沓的喧鬧聲，與開心的笑臉，形成一幅與山共振的歡樂景象。

歲月眞的不饒人，我們幾位上了年歲或者是腿傷的人，無法攀爬學校那四、五十級高的石階，到禮堂觀賞小朋友的山地舞蹈。但從鼓杵咚咚的打擊和鈴聲木琴民謠的山間之歌，同樣感染了一份快樂氣氛。

內灣還是個非常樸實的山鄉。在那兒，有復育成功的大自然生態可看，螢火蟲就是個明顯的例子。可惜，那要等到傍晚入夜，才能看到火金姑閃亮飛舞的奇景。

祗是，無處不翩飛的蝴蝶群，也該是生態保育成功的實例。除了蝶和螢，那兒又有老火車站的風情可看，以及溪邊抓蝦的野趣可玩；而嘹亮的山間之歌，亦令人印象深刻。

91·7·17榮光周刊

牡丹花開

牡丹

五月底到溫哥華女兒家，那時，正是北國暮春百花爛漫時。

有天，朋友約我去觀賞她花園中盛開的牡丹，喲！牡丹，這國色天香的百花之后，富貴雍容的花中極品，聽到它的名字，便迫不及待前去一親芳澤。

一到園內，眼前驟然一亮，那棵高及腰部的花樹，盛放著幾朶碗盤般大、紅絨般厚的複瓣牡丹。枝間含苞待放的花蕾，也有杯口般大，胖嘟嘟的即將盛開。

翠綠茂密的羽狀葉，擎住灼烈如火焰的牡丹，顯得格外亮麗奪目，牡丹需要綠葉扶持，綠葉需紅樹陪襯，才能相得益彰啊！亭亭璀璨的牡丹開在枝頭，綻放著美麗自足的生命，輝映出動人心扉的光彩。

想不到原產於古代中國的宮廷花，特別受人欣賞的富貴花，也能在北國異鄉看到它。想來，凡是美麗的花，世人都能精心研究，培植成功，從國內移植到國外，從古代欣賞到現代。

朋友庭園，以冷杉爲籬，雪松爲牆，種了各種果木如櫻桃、李子、梨子，也有紅玫瑰、黃玫瑰、石南、杜鵑、紫藤、丁香……全在陽光朗照中，織繡出繁華如錦。是怎樣的巧手慧心，培養出這樣一個華麗世界？

「我只是給它們一些照顧，其實，這許多花木都是在酷寒難當的冬天結的苞，是熬過冬的考驗、雪的摧殘掙扎過來，是它們自己揮發出生命光彩。」朋友謙虛地說。

的確，北國的嚴冬漫長，西岸溫哥華雖沒東岸那兒酷寒，但是，在冬季裡茁長出芽苞的花蕾，卻是經歷過冰雪雨霜挑戰。看吧！葉子都被凍成了玻璃般透明，似乎一戳就碎裂，苞兒凍結成膠質般僵硬，好似黏附在冰枝，全都經過既漫長又嚴苛的蟄伏。

終於，冰雪融化，陽春姍姍來遲，這時候，花葉由深青轉爲滴翠，蓓蕾由僵硬漸爲膨脹，它們舒展了眉，綻放了笑，一樹一樹，一枝一枝，一起吐綻，開出各色各樣的花朵。

無獨有偶，女兒家門前汽車道旁的小園圃，也開出一朵牡丹花，雖沒朋友家那樣的碩大艷麗，但也有小碗口徑大，卷疊好幾層，象牙白中透著黃蕊，雍容中無限嬌艷，原來，是一朵重瓣白牡丹。

這枝牡丹種植已久，夾雜在玫瑰花叢中，結的苞與玫瑰相似，如果不是開出牡丹花，簡直已經把它遺忘了。

這一發現令我欣喜若狂，稀珍的白牡丹，居然高高蹲踞枝頭，開在自家門前，花在晴空下輕輕展顏，葉在清風中款款搖擺，好像要告訴人們：我自故園來，暮春發幾枝，自古稱國色，願君多珍惜！

鳥巢

女兒家洋台涼亭橫樑上，有鳥來築巢，啣泥自築，雖然掉了一地殘枝碎梗，但終於完成一個橢圓形、碗底深的窩巢，準備孵化牠們的下一代。

那是知更鳥的窩巢，知更鳥在北美是常見的鳴禽，這種鳥十分友善，人們非常喜愛，常用牠入詩、入畫或入故事中。牠們的胸腹赤褐，體背灰褐，眉有圈，倒有點像印地安人塗彩的眼圈。

半個月內孵蛋期間，公鳥守衛防備，不讓任何異類入侵，見有鳥雀前來棲息，一陣吱吱尖叫，就把衆鳥驅離；一見松鼠出現，就朝松鼠啄去。有回，一隻可憐兮兮的小松鼠捧著個果兒在欄杆啃食，知更鳥一個鷂子翻身，揮翅猛撲，嚇得牠棄果逃遁。爲此，向來熱鬧的庭園一下子變得不聞任何聲息。

那隻母鳥呢？偶爾飛出覓食，牠那原本烏亮的黑羽變得蓬蓬鬆鬆，美麗的紅胸淡褪得黯黯淡淡，爲母辛苦爲兒忙，母鳥已憔悴得蓬頭垢面了。

再一週，有天忽聞巢內有隱約微啣，公鳥忙碌地啣著一把把蚯蚓逕往窩巢送，母鳥也在草地啄出蚯蚓，三條、五條堆成一把塞滿嘴巴飛返窩巢，雛鳥已出生！

鳥類有奇特的啣食本能，能叼能勾，可以啣上大把大串。前些天曾帶了包落花生在公園餵鳥，烏鴉燕鷗們將丟下的一顆顆花生用尖喙啣入口內，一顆、兩顆、三顆在嘴裡疊成一排，飛回樹林妥善藏好再來取食。牠們能吸能抓，堆疊一嘴，如同人手，能拿能托，握滿一手。牠們取食也俐落，用嘴夾破硬殼就將果粒吞嚥，同時伊呀發音，呼引其他同伴共同分享。知更鳥哺育期間，曾爬上矮梯，爲嗷嗷待哺的小鳥拍下照片，錄下牠們的叫聲嚶嚶。此刻，母鳥離巢時間較長，不時棲在枝頭展翅振翼，輕輕撲飛，似要給雛兒來一番飛前訓練，或是停在籬邊頻頻囀鳴，喁喁細語，要替幼兒上一課初啼教育。殷切情意，一如人間父母的殷殷企盼。

只是，鳥去巢空的事實終於發生，那天清早，不見老知更鳥梭梭巡巡，沒聽到小知更鳥喁喁唧唧，多麼不捨那羽翅未豐的小鳥這麼快就離去。望向空置的鳥巢，在一抹晨風中顯得如此冷清孤寂，啾聲猶在耳，鳥蹤已杳然！

第三天，在暮色的陽台站立，忽有鳥影低飛掠過，三隻裊裊婷婷的小知更鳥跟在老鳥身後翩飛翔舞，那不正是離巢而去的熟悉身影？

聽那緩緩低撲的翅聲，溢滿歡樂歌頌，迎接著新世界的新鮮喜悅。只是一剎那，牠們重又揚翼而去，隱沒在重重煙樹外。

是回來探視戀慕的家園、難忘的窩巢吧！明年，還會再來產卵孵雛，哺育你們的第二代嗎？

89·8·11青副

山居

搬來這兒已經年，逐山而居的日子裡，既可抬望月亮星辰圓缺起落，又可欣賞日出日落金光透亮。窗外的山嵐之霧是幅天然圖畫，四季的花草是鑲崁的裝飾。

夜鶯總是啼唱在拂曉，藍雀一大清早飛上欄杆，和飄進屋裡的雲玩捉迷藏。

季節變化中，有五月桐花紛然如雪，相思豔黃滿樹金，有羊蹄甲滿山坡，杜鵑花遍地放，而秋芒映白山頭，楓樹輝耀晴空。

這類好花好樹稱不上奇花異草，全是大自然最原始的原生植物，在這個社區還未築蓋前，它們早已長在那兒許多年代了。

親友來訪，總會陪他們下樓走走，他們常常說：這裡遠離市集，樹多空氣好，台北盆地一覽無遺，一〇一大樓就在那兒！

可不是嗎？在初春過後的日子裡，只要轉幾個迴廊，登幾層石階，觸目而來的不是幾叢早綻的櫻，就是幾株怒放的桃，早綻的櫻花是這兒雪山支脈中的烏來山櫻，比陽明山的吉野櫻、八重櫻和草山櫻都開得早。艷麗桃花會結桃子，可賞花又可賞果。

桃花粉白艷紅，花色鮮艷，這兒還有一棵雪色雙瓣桃，成簇綻放，晶瑩透亮，雪白得照眼，是絕美的罕見品種呢。

朋友問：桃樹櫻樹都是先有花後生葉，未開花前光禿禿的乾枝枯枒，怎去辨識它們的身分？

這點我倒知道一些，通常，桃的樹幹紋路直線直條，與一般喬木一樣，唯獨櫻的樹幹線紋橫生圈生，因此它們竚立一冬，只需辨識樹幹就知樹種，而花型也有分別，櫻花紛繁綿密，花聚成簇呈垂枝型，桃樹鮮艷柔美，花朵細緻成開展型。

我也能夠說出一些樹名：那些叫欒樹，從夏到秋，會變出墨綠、鵝黃、褐紅三種顏色。那許多是鵝掌葉，葉子很像鴨掌。還有小葉欖仁樹，秋冬葉落，仲夏長葉，樹型一層層呈傘狀，熱天撐出許多濃蔭。

元宵佳節將臨前，邀了二位文友來作客，因爲早綻的山櫻與桃花，再不來看看，就要發芽爆葉，只剩紅粉將落的最後一瞥了。

說也不巧，她們來的那天，碰上冷鋒過境的寒流，大家厚裝裹身仍敵不過勁風襲人，畢竟我們都已上了年歲，畢璞今年八十有幾，我比她小一歲，曉暉又比我小三歲，因此走走看看，不時避入長廊，連預定的二叭子山上的植物園也沒能夠去成。

說眞的，達觀的風是出名的狂猛，只要一起風，吹得「白匏子樹」葉面翻轉過來，湧起一片片白浪。而風聲如嘶如嘯，夜半聽來，聲響狼虎般號叫！千軍萬馬般奔騰，山風谷風，似要將樓層掀翻呑沒。

記得看屋時，高樓風大，風聲呼嚕，客廳臥室的簾子鼓風如帆、當時心想，這兒風這般大，或許不宜栽種植物，不被吹壞才怪。

但看中購置搬來後，仍然添了不少盆花盆景如九重葛、茉莉、玉蘭樹、繡球花等，還有從老家挖來的老桂枝、橘樹根、非洲鳳仙。每當東北季風，西南季風刮起，瑟縮的盆花盆草，雖被吹得枝芽拉扯交纏，花束飄搖亂顫，風一停住，很快恢復原貌，挺過一回又一回嚴酷考驗，證明嬌美的花朵，並非弱不禁風，原來是十分超強堅韌的植物，除非開到極致，到了一定時候，自然花萎花凋說謝才謝。

就如櫻花桃花，縱使生命短暫，又經風雨打擊，由於花苞交替復出，這批開畢，那批跟上的接力開花，因此依然鮮明，仍有看頭，除非新葉爆出，芽苞開盡，才會結束一季花信。

偕友看花，誠是人生一大樂事，的確，像我們這般歲數，寂寞如影隨形，病痛不即不離，歲月逡巡，暮年苦短，於是總想與老友見見面，相聚一下，讓清淡生活憑添幾許漣漪。

我們像繁盛春花已近闌珊，只剩繁花落盡的年華如夢，亦像西下薄暮天色已暝，夕陽的影子愈拖愈長，已經靠近黃昏……

95·4·8青副

綠色林子

那天在山頭，朝向堆滿黃泥巴的斜坡往下望，發現有條整齊的柏油路，兩旁豎立支支燈柱，樹影婆娑中露出一角木屋身影。

「那是什麼地方呀！」兒子沿著根攀降的繩索下去看個究竟。不久上來興奮地說：「下面有個綠色林子，像個世外桃源呢，還設有露營地、烤肉區和森林步道……」

這就是初識「二叭子植物園」的第一眼印象。

因爲原先山肩坍塌正在施工修築，於是隔天清早，沿著山下一條通往植物園的指示路牌驅車尋找，從彎曲山路蜿蜒而上，一路有許多登山健行者，揹著包包，一支手杖，帶著心愛的狗狗正在上路。

約莫十多分鐘抵達植物園，園內保持著最原始的山林原貌：闊葉細葉、羽狀掌狀、喬木灌木、密林疏林……處處設有標示牌，其中有：山杉沙杉、刺果岩松、芒萁毛枝、香楠雀榕、山茱萸野梧桐、山櫻筆筒……讓人識別它的形，查對它的名，以及它們的習性特徵，科名學名，使人備感充實。

觀樹賞景，常令人遐思連連，比如說，遇見「酸藤樹」被那聚生如霧，隨風飄逸的小紫花所吸引，它的骨子裡，是否眞的含有酸性樹脂和鹼性樹汁？

遇上那棵「山茱萸」，不禁想起王維的一首古詩：「獨在異鄉爲異客，每逢佳節倍思親，遙知兄弟登高處，遍插茱萸少一人」。

遇見一棵「山梔子」，心想會不會開出香花，如同往昔小巷清晨叫賣的梔子花？而兩傍腳邊可愛的鳳仙，想起家鄉將花瓣搗碎成泥，染紅手指的指甲花。

林地許多葉片碩大的芋葉，聚積粒粒水滴，宛若荷瓣上滾動的晶珠。原來它並非芋葉，而是叫做「姑婆芋」，夏日結出穗狀花苞，果實鮮紅恰似一根彩色玉米。

一些雜花野草，姿色迷人名也迷人。看吧，晶瑩珠串垂掛在葉鞘的漏斗花芳名「月桃」，葉可包粽，據說未食粽味，先聞葉香，不遜於傳統竹葉。而碧綠密生，紫花五瓣的叫「金午時」，豔陽愈曝開得愈旺。還有，葉呈心臟，梗上有毛，迸放粉紅粉黃的叫「金露華」，另一灌木開出白花的叫「山素英」。「白花婆婆針」嫩葉可入菜。

草可入菜，樹也有芳香。有種「山胡椒」，摘下葉來揉一揉，滿鼻生香。另一種「赤楠」果粒味若茴香。

山林有許多闊葉樹，風過時葉片全會翻捲，樹名叫做「白匏子」，是落葉喬木，葉背披有白絨毛，風吹葉捲就盪漾成一片白浪，它與相思樹是山林中佔地最廣的大群落。

而芳蹤最多的相思，那滿樹濃密枝葉其實並非是它眞正的葉，它的眞葉幼樹時呈羽狀，長大後全部消失，換上鐮刀形假葉，並開出灼亮耀眼的黃金花海。

林中枝頭懸著的一球球大果小果，雖是野生卻全是棲息的雀鳥蟲兒的最佳筵席，尤其是顏色鮮艷的橙黃果串和彤紅果實，更是繁殖季鳥類擷取的豐富滋養素。

枝間也總有許多蠕動的毛毛蟲，茸茸黑黑，醜得怕人，然而，當它們蛻變羽化，變成鳳蝶，黃蝶便是那林中飛翔的舞中之王。而疾飛如矢，穿行樹間的金龜子，盔甲灼灼閃亮，與純金一般鮮豔，還有甲殼蟲、竹節蟲、尺蠖、蚱蜢、天牛蝸牛等，亦都是林中的原生昆蟲。

園內道路整齊，路燈聳立，一條綠色走廊，採用原木鋪設梯階，步道、露台、欄杆，質樸簡單，散發木質淡香。在這豐富的植物世界，有風的颯颯飄動，樹的款款擺動，蜂蝶的翩翩舞動，蟬鳥的啾啾唱動，讓人分享大自然最美的樂章。

這個植物園為何取個怪異命名呢？相傳在很多很多年前，這兒本是個山陵拱立，林密谷深的原住民部落，山谷是他們狩獵的樂園，清朝時曾開發成一個個散村聚落，原本相安無事，祇因當時出草陋習還未禁絕，造成居民間不少衝突，有次原住民在土名「二叭子」殺害了二十八個漢人，為了安慰亡靈，以土名為名，來紀念二十八個受害者。直到近年來，經過逐年逐步的開發，已規劃出面積廣達二百三十公頃的植物園。

一路走來，經過小廟涼亭，林蔭坡道，烤肉露營區，綠色走廊和警衛的獨立小木屋，走到底，向上望，就是社區高聳的樓廈。

此刻，四野青山已映入夕陽餘暉中，夕陽的酡紅，雲朵的金紫，相思樹的橙黃，將群山全部染成了金色山脈，而林梢已斜掛一彎弦月了。

忽地，浮現起昔日山谷中的高砂族，在這一刻，該是同樣有迷人的夕陽，金色的山脈，高林的弦月，相思花如海，所不同的，應該是多了暮陽下狩獵歸來的歡動聲，粗獷中帶有沉濁的族語聲，人與大地的互動聲，豐年杵音的舞動聲吧。

94·9·4青副

永遠愛著你

沒有一個地方，比住在這個海島更長遠的了。五歲離開祖籍，他鄉唸完小學，盧溝橋事變便發生，自此，漂鳥般沒有長久住址，不知根扎何處。

三十八年來到海島，昔時鬢髮還青青，年復一年白了頭。你說還有什麼地方，比這兒待得更久、再親的呢？

初抵港灣，與你第一次照面，是那綠森森的樹，明藍藍的山，漫漫大海的氣味和聲音。慶幸有緣與你相見，只因爲過去所到處，大半田地平如掌，河泊輕緩流；夏天裡不曾見過赤紅紅的樹，寒冬還長滿濃厚厚的葉，在這兒，生命的衝動無止境，大地的生機不停歇。

那天傍晚從基隆搭糖廠小火車往中部，黑沉沉的夜色中，行到燈火通明處，引領的朋友遙指溢滿燈光的方向說：「前面最光亮的地方，就是台北城。」

當時心想，亮亮閃閃的城，好美哦！

住在梧棲鎮，才識得A菜、地瓜葉和空心菜，那是要和蒜瓣同炒。漁港魚蚌多，蒸煮兩相宜。便當、榻榻米感到很新鮮，「嘸宰羊」「踢頭」聽到也不甚懂。疙里疙瘩的瓜果不識爲何物。

眞正辨認水果是住台中時，那兒家家種了很多果樹，木瓜、龍眼、番石榴、柚子和蓮霧，纍纍果實，前簇後擁。攤子上的釋迦、百香果味道特異，香蕉菠蘿價廉味美。

後來搬到台北大城，從中崙出門還是說「上城裡」，螢橋下面還叫「永和鄉」，野薑花在河邊翻飛，稻田深處有人家。四十年代的台北，還是個悠閒清妙的田園城市。

一年年，蓬勃發展成爲繁榮富足的新都城，躍入了突飛猛進的彩虹世紀，孩子們在你的懷抱中成長茁壯，莘莘學子實現了理想夢想，家庭在你的和風下安身立命，你已成爲百萬、千萬異鄉人的第二故鄉。

然而，近年來許多人因爲社會不寧，道德式微，交通紊亂，空氣污染和經濟衰退而不滿，甚至離開了你。

美麗寶島眞的病了嗎？不，你的好山好水依然一片好風光，好果好茶仍然擁有好出產，而多少溫馨多少愛的小故事，步步有芳草；無數志工無數情的人世間，處處有善行。

我們一直珍視這塊土地，永遠愛著你，但願持續努力，耕耘更美的花與果，更有希望的大環境。

91・2・1中時人間副刊

冬颱中的傳藝之旅

冬颱「南瑪都」取名怪異，來得也詭異，十二月份，白露、霜降早過，立冬、小雪也去，耶誕在即，怎會還有怪颱來襲？

十二月三日，是早就安排好的，「婦女寫作協會」傳藝之旅，且不管颱風，仍然依邀而去。

宜蘭五結鄉的國立傳統藝術中心，園區寬達二十四公頃，戶外有水岸濕地，茅亭步道，古厝、老宅、堂祠、寺廟原封不動保存了起來，戲劇館、曲藝館佇立在這兒，戶內簷下兩排街坊，店招燈懸掛，門口擺著酒罎或展示著古桶、古物等老藝品，以及古服、戲裝等櫥窗，逛在這兒，似能聽到古代的絃樂處處，古人的身影幢幢。

在這兒，集藝術、文化、風俗、傳統於一體，並兼具教育、展示、傳習等功能，教人回溯逐漸失傳的古文化，珍惜愛護，不忘根源。

因爲風雨，無法親近園區，只能在古意盎然的騎樓長廊走走看看。午餐是在傳統小吃坊進食當地風味餐，菜餚芳香甘甜，美味爽口。

席間，梁丹丰取出紙筆，替旁座「源」雜誌主編林枝旺速寫一幅畫，將那滿臉鬍鬚的藝術家風采表露無遺，「哇！梁教授眞是快筆，才挾了兩回菜，一幅素描就完成」。

其實，衆所周知，她走過大半個地球，是任意揮灑的高手。就像一進門，替那位傳藝中心副主任方紫絮作簡報時所畫得一張速寫，唯妙唯肖，酷眞如實。

誠如方副主任所說，風雨故人來，眞是值得慶幸，而看到一群心儀的女作家，更是難得的機緣。可不是嗎？如梁丹丰、陳若曦、丘秀芷、劉靜娟、蓉子等，那個不是熠熠生光？而王令嫻、黃玉燕、鮑曉暉、匡若霞、席裕珍、六月、李玉屏、郭心雲等，那個不是文采飛揚？又像筆觸優美的資深主編李宜涯、小說極棒的康芸薇、詩句晶瑩的朶思、文思靈秀的愈金鳳、歌喉甜美的徐令儀，那個又不是多才多藝？

來時風雨大，歸時也是大風雨，或許，人老不中用了，原本不暈車竟然暈起車來，尤其聽到回程走北宜公路，可縮短四十分鐘車程，但那九拐十八彎，想想心又緊緊張張，幸好司機在急彎處儘量開慢。途中，夜霧隨著山谷瀰漫，山形如魅，雨瀑如注。

蓉子請大家吃花生酥而暫忘暈眩。吃著甜滋滋的糖，忽地想起抗戰勝利那年，來到松江工作，某天，課長的新婚川籍太太施施然來訪，她長得標緻，年輕美麗，我是唯一女性，遂陪伴四處走走，後來到露台，趴在欄杆聊天，滿滿的四川方言，得知她在重慶小學任教，家庭美滿，父母兄姐都捨不得她遠離，我們萍水相逢，卻是一見如故。

聊著聊著，她用纖纖素手，從衣襟口袋，掏出兩塊花生糖，一塊給我，一塊自用。這樣的城市小姐，居然心如孩童，質樸如玉，吃完甜酥的糖，猶覺意有未盡……

一樣的花生香，同樣的慇懃意，卻已跨越時空，相距一甲子，多長的歲月了呵！思緒綿綿，車已過山，進入萬丈紅塵。冬颱中的傳藝之旅，渡過時光長廊，探尋了台灣風土的文化之美，也穿過歲月千層，尋回了雪泥鴻爪的往事殘夢。

94·1·2青副

鎮守之寶

中國的傳統社會中，自古就有辟邪鎮壓、吉利祥和的種種裝飾品。譬如說，院牆大門外，豎立一對石獅子，藉著獅子的靈氣和勇猛，作爲家宅的守護神。比方說，門楣窗沿上面，懸掛一只八卦，藉其玄妙義理，以求趨吉解厄，帶來安寧。又像廳堂掛上幾盞福字燈籠，含有吉祥光明的象徵。

還有，端節門口貼鍾馗、掛蒲艾，午時喝雄黃酒，小孩掛香包袋，這些都有防五毒、辟邪的涵意。民間多掛鍾馗像，也有去魔避災的作用。

除此，邊疆地區高原人家，屋面垂下一個裝飾品——懸魚，那是祈求生財有道、多福多壽的吉祥物。滇西地區的農村屋脊上，都要按上一隻瓦貓，人們稱牠爲「降吉虎」，同樣是保佑家宅吉祥平安的鎮房之物。

城鎮的通衢要道或里弄巷道，常見豎著一尊石敢當，這是居戶們安全防禦的守望物。在澎湖離島上的每個角落，多的是各式各樣的石敢當，這些全是爲了鎮壓四方魑魅，增強驅魔威力的象徵物。

而金門島上，田邊路側，城鎮鄉村豎立著不少風獅爺，有蹲坐、有直立，有踩繡球、掛鈴鐺，有繫紅巾披風衣的，手足四肢姿態完全不同，神態韻味更是形形色色。

風獅爺是島上的守護神。因爲，早年在風強砂多、天候地理惡劣的環境之下，一直是地方上的鎮守之寶。

金門有座石雕館，裡裡外外，全是用花崗岩等石材雕塑出來的風獅爺；去玩的觀光客，喜歡買上幾尊風獅爺小石雕和風獅爺鑰匙圈回來送給親友。

這兒的濱海公路上，還有座石雕博物館，琳瑯滿目，千百個石獅子當中，也有不少風獅爺。足証獅是自古以來，人們心目中的吉祥瑞獸。

看吧！廟口、橋頭、街道上的石獅舞龍舞獅時的獅陣醒獅，多麼勇猛神威，無不虎虎生風，用牠來鎮邪制煞，是最適合不過的吉祥物了。

因此，凡屬威嚴、祥瑞、避邪、取吉的裝飾品，都能夠使家屋吉利平安，使農村風調雨順，讓民間安和樂利，他是屬於古典的民俗文化，是人們的心靈倚靠、精神寄託。不管時代的潮流演變得多麼急速，但流傳下來的這種習俗，卻永遠深植人心，由衷贊同。

90·6·27 榮副

白蘭花樹

我家種的白蘭花樹，已有卅多年歷史；其間種種倒倒，種過四棵樹。

白蘭樹是生機勃發的樹種，祇要栽活，不到一年，它就竄高猛長，扶搖直上；一到開花季節，象牙色花苞就會綻放，撲鼻清香彌漫半條巷。

或許，就因玉蘭花樹大招風，一遇颱風肆虐，往往是根動泥鬆，拔地而倒。於是，補補種種那已經是第四棵了！

爲了預防颱風，曾將一棵高過電線的老樹鋸矮，祇半個月，綠葉重抽，又將院子一角帶來了蔭涼。

提起那次鋸樹，可說勞師動衆。

以往，鋸樹都由舍弟幫忙操刀，鋸下主幹和支幹，由我解體，成束捆紮；再由小兒子一趟趟載出丟棄，最後打掃牆內外碎枝殘葉，就完工大吉。

不料，去年鋸斷那根粗壯主幹和濃密樹頂，竟懸在幾行電線間上下不得，欲墜不墜。舍弟趕著教課，說：「反正掛個十天、八天也不會掉，明天再來看看。」祇是，傘狀般的半截枝幹，萬一枝軟葉萎，嘩啦滑下擦傷路過行人，那可事大。越想越不安寧，趕忙打電話喚大兒子來，抓、拉、勾、拽，又請來他的朋友，一起抽扯搖戳，總算摧枯拉朽，解決了難題。

栽培一棵樹，要享受它的花美花香，得加上愛心、細心和勞心。白蘭樹種潔淨無垢，葉片清爽燦亮，花瓣澄澈如玉。修剪過的白蘭，新葉更油綠，枝枒更娉婷，到五月間，便可看見蓓蕾含苞，採擷那如雪的花朵和溫潤的幽香了。

92·3·12
榮副

早起樂

早出的鳥兒有蟲吃
早起的人兒有精神

現代人注意運動，中老年人更是屬於早起族，披星戴月，按時出門去活動。許多阿公阿婆、夫妻檔、母女檔，繞著學校操場跑道走，像陀螺旋轉，一圈又一圈的轉。不少男男女女、青青壯壯，沿著陡坡爬升而上，背著身子倒退而下，一趟又一趟的走。而慢跑快跑、爬山健行、放狗、溜鳥、太極元極、香功、外丹功……，更是熱鬧滾滾，是晨間必修的功課。

有兩位老太太是夜遊神，後半夜三點鐘就出門，兩人在會面地點碰面後，一同去爬山，別人早出運動，她們已是打道回府時。偶而她們待久些，與晨運的熟人見了面，總會聽她跟人說：「夜半上山的感覺眞好耶，那時候的星星特別亮，一閃一閃眞像粒粒金剛鑽。」

又說，外面的土地眞貴喲，我們山上有塊地，寧靜安詳，面積好大，不必買也不必租，全是屬於我們……。

聽到的人，好生羨慕。

但羨慕歸羨慕，三更半夜起床卻誰也做不到。

只不過，早上五點出門又何嘗不可？晨起使人精神舒暢，心情愉快，有種生命全新的體認。

我曾在女兒住的社區裡，看到周末假期裡，每個巷道清冷寧靜，看不到一個人影，原來，這天不用上班上學，年輕人難得有次暢睡的美好享受，補足平時的睡眠不夠。

但星期一完全不同了，揹書包、拎飯盒的學生，穿戴整齊，趕校車的趕校車，搭接駁車的搭接駁車；士農工商個個發動汽機車引擎，爲了錯開車陣高峰時段，全都趕早出門，各自幹活去了。

看他們一個個抖擻擻、急沖沖，好像一窩窩蜜蜂忙著去做工，也像一群群鳥兒飛出去覓食。

是啊，早出的鳥兒有蟲吃，早起的人兒有精神。

每天早晨，一批批銀髮族，到了七點左右，已完全活動完畢，手中提著早點，拎些剛買的蔬果，準備回家抹一把臉，吃完早點，再睡一個回籠覺，吃得格外香，覺也睡得甘甜。

早起樂趣多，不容否認，特別經得起挑戰和考驗。

89·6·28 榮副

一根老桿木

這根老桿木，豎立巷底已經三十多年了。

剛搬來時，眞有些擔心，這根細長脆弱的電桿木，刮起颱風會不會頹然不支，傾倒下來，那一定會戳破門窗，砸壞院裡花木。那時電桿上裝的是燈泡路燈，牽引著幾行電線，每到天黑，我住巷弄底，便走過去按上插頭開亮燈，早晨扳動開關去熄燈，有時人不在家，就由附近鄰居過來啓亮和熄滅。

一年年，人口驟增，人工開啓換了統一作業，電線也漸多，電話電燈線縱橫連接，絲縷般越來越長，再幾年，第四台的粗線也像蛛網般牽拉得越來越多。

接下來，巷道中水銀燈多了幾盞，那都是一次次候選人的競選許諾而裝設。而老桿木頂端，也裝置了里長辦公室的擴音廣播器，競選布幅、修漏搬家、售屋租屋的廣告牌宣傳紙，把老桿木點綴得琳琅滿目，那些水泥柱桿卻冷落清淡，乏人問津。

電桿木便這樣牢牢站立了三十多年，往昔怕它傾倒，砸壞門牆、壓壞花木等顧慮，顯然是多餘的，如今，各類電線的拉扯穩住，反而鞏固了它的安全性。

電桿木上的路燈，予人以很大的慰藉感，天黑之後，巷道大放光明，走夜路的人不再有顧慮。冬天裡燈盞亮起，讓路人覺得溫馨寧靜，心也跟著暖熱起來。人在下班後，忽見路燈亮起，使人頓覺身心鬆弛，一天結束，可與家人共進晚餐了……。

老桿木忍辱負重，硬是支撐了數十年之久，在風雨電雷中佇立不移，在地震搖晃中挺立不動，它的木桿看起來細瘦乾枯，僅靠早年一層柏油防腐，卻能鞠躬盡瘁，服務到今天。

它讓縱橫交錯的電路電流通暢無阻，無遠弗屆。不知道它用的是什麼樹材，相思樹、欒樹、楝樹還是黑杉木？也不知道到底豎立了多少個年頭，三十多年、四十年或是更早以前？

反正，老桿木伴我度過許多歲月，看著我的子女成長，子女的子女再成長，看著我的房屋越住越舊，修繕再修繕，飽受風雨侵蝕。

如今，我也像這挺立的老桿木一樣，默默輸送電流，彷若我對兒孫們愛的交流，延伸引接，牽縈傳輸著最深的情意。

89·9·27榮副

忘憂世界

華特迪士尼的卡通片，是最令人懷念的電影，像白雪公主、灰姑娘、小鹿斑比、唐老鴨……，人人皆喜歡，歡樂滿人間。

其中，「小鹿斑比」一片，是由一隻小鹿的誕生，介紹出森林百禽的歡鳴歌唱，野地花草的笑顏綻放，老鹿帶著牠出來熟悉環境，認識世界。

然而，當暮雪橫掃大地的一個冬季，小鹿隨母親外出覓食，這時，高原響起獵人槍聲，驚逃中，回頭卻不見了母鹿蹤影，「媽媽！媽媽！」那凄厲含淚的追喚，只留下空谷獵槍聲聲迴鳴。

迪士尼的卡通片，可以讓人暢懷忘憂，也可令人深受感動，而聲光之繽紛、內容之純眞，是現代一般卡通片望塵莫及的。

他的卡通片固然老少皆宜，令人忘憂，他的迪士尼樂園更有巧思創意。在那似眞似幻的樂園裡，可以坐電動座椅、乘遊輪、搭飛機、入潛艇，慢慢駛入蠻荒叢林和熱帶雨林，和鱷魚、鯊魚打照面，與獅、虎、大蟒擦身過，被鬼屋裡幽靈勾魂懾魄，和橫行的海盜撞個正著，讓海底沈船的金銀珠寶大開眼界，或被傾斜得幾乎翻轉過來的火車嚇得刺激驚叫……。

比洛杉磯迪士尼樂園還要大上八倍，位於奧蘭多的迪士尼世界，更是科技、電子的大結合，又是知識、娛樂的大總匯。

在那兒，搭太空船、坐子彈列車到不計其數的自然歷史博物館，去觀看人類今天和明天的未來生活，以及史前時代到現代新世紀的過程變遷。

又可繞著火山爆發的火山口，看熊熊熔岩高濺潑灑，讓濃濃硫磺味撲鼻而來。說穿了，那全是利用冰膠、石油、滑石粉之類的化學原料製成的火紅熔岩和濃烈氣味，是傷不了人的。

這兒還有巨型「世界櫥窗」，是由英、德、中、日、意、墨西哥等九個國家，仿造出各有不同的建築風格，人文歷史和飲食文化，九個展覽館圍繞著波光瀲灩的湖畔，聞聞咖啡香、聽聽爵士樂、看看墨西哥舞、望望艾菲爾鐵塔、賞賞江南紅蓮、買買日本玩偶，再飲一杯德國啤酒，頓覺天涯若比鄰，世界眞奇妙！

是的，迪士尼的小小世界裡，無限歡樂無限情，一片怡然一片景，奇異玄妙，完美無瑕，是個美麗如夢境的地方。

89·2·21榮副

繁花燦放

春光明媚，繁花艷熾。陽明山，仰德大道，車車相連，賞花公車，班班客滿。眞箇是：繁花如錦，人流如織。

今年春天來得特別早，山上社區人家的庭院裡，櫻樹早綻放，紛紅紅的炫光，照亮條條山坡路；而幾家桃樹，也開出朵朵鮮花，嬌艷欲滴。至於杜鵑，各家院落幾乎都栽種，艷紅粉白，從欄杆內拼命地探出頭來，笑逐顏開地迎風搖曳。今春花季宣佈，似也相對遲了些；因爲櫻在枝頭已十分，且將開罷，只剩滿山杜鵑、山茶和海芋，等待賞花的人兒。

春天最會使出神奇魔力，讓百花齊放，錦天繡地；讓人甘願排上好幾小時的隊，坐上好長一段的車程，只是爲尋訪花蹤，一親芳澤。不管它是盛放、怒放，半凋、全凋，也都有其壯麗動人的美。

且看，日本櫻花節，大伙同樂，醉倒花林；阿里山賞櫻團的狂熱，搭上「夜未眠」列車，趕赴花的盛會；號稱杜鵑花城的學子們，以勁舞開場，穿上電腦裝與和服，載歌載舞，慶祝年度的花開盛事。

烏來的山櫻燦放時，賞花之餘還可品嘗創新口味的「櫻花宴」，多吸引人！櫻花滿足了視覺的享受，連味蕾也品味了春花奔放的氣息。記得北美的溫哥華，有條馬路，兩旁全是老幹林立的行道樹。到了春天，一樹一樹開滿了燦爛的櫻花，好似走入彩色大道。

祇不過，春天總是短暫，來得快，去得也快。接下來，氣溫回升，白晝漸長，夏天的腳步也不遠了。

如果你在夏日賞過百花，千萬要抓住花的美景，留在腦海裡；否則又得等到來年春暖，才能再見繁花燦放的風雲際會。

91·4·17榮副

防癌

罹患癌症的人似乎越來越多了！醫院腫瘤科的門診部，一天居然有數百位病人進進出出，有的化療，有的電療，亦有病患太虛弱必須打點滴補充體力；只見大家排排坐，枯等門診燈號。

癌的種類，目前所知的有肝癌、肺癌、口腔癌、胃癌、大腸癌、直腸癌、鼻咽癌、甲狀腺癌、淋巴腺癌……，不一而足，有人竟一身患了三、四種。

他們的頭髮，大都脫落，他們的臉色，全都泛黃泛青，有些幾乎瘦成一把骨頭，看了很是難過。

接受化療的衆多病房間，病友們眞情流露、同病相憐，相互鼓勵打氣；但對化療後諸多副作用，如食慾不振、失眠腹瀉、噁心嘔吐、頭髮掉落……，祇有痛苦接受。於是，談談切膚之痛，交換調理心得，聊聊心路歷程，訴訴內心衝擊，成爲病友的中心話題。

「癌」，向爲人們最忌諱、最可怕的夢魘；「癌症」，更是人人避談的字眼。有時候，看到私人診所高掛的「癌」招牌，也覺觸目驚心；然而，現在這種惡性腫瘤，卻佔了台灣地區十大死因首位。

這種惡性病症的成因，除了部分致癌因子獲得少許證實外，大部分仍不十分明確，除了早期發現、及早治療，提高治癒率外，尚是束手無策，沒有根治藥物。

聽來聽去，這種病的成因不但不知，潛伏期也不明顯，容易忽視而難以發覺。譬如說，咳嗽以感冒看待，結果卻是肺癌；拉拉肚子以爲腸炎，卻成腸癌；吞嚥稍有不順，切片是喉癌；不痛不癢綠豆般的脂肪瘤，不幸竟是乳癌；胃口不好，骨頭酸痛，檢查發現是胃腺癌。

據說，人體裡面都有癌細胞存在，祗不過有抗體和免疫力的健康人，不易被侵襲；一旦身上抗體減弱，它就乘虛而入。

要注意的是，環境中充斥的化學物、農藥、水污染、空氣污染等外來因素的病毒感染，正不斷破壞人體的防禦系統。

因此，身體健康的時候，必須均衡營養、正常休息、適量運動，適當吸收陽光，多與大自然接觸，唯有培養健康身心，才能活得紮實。這些，該是防癌上身的重要原則。

90·9·19榮副

變色樹

深秋有一種樹，有粗壯高大的幹，茂密濃綠的葉，先是樹頂聚成一球球嫩綠色的葉團，不久，轉換成赭黃色的樹球，再不久，赭黃色又轉換成紅褐色，一如秋天楓葉般美麗。

多色斑爛的樹球，總在不經意，悄悄更換顏色，它的步調雖然緩慢，但是，人的感覺總是跟不上它的衝勁，直到最後重又恢復一樹濃蔭，竟然還在渾然不知中。

在亞熱帶的台灣，變色樹是罕見的樹種，由於氣候轉涼，夜晚變長，白天陽光又很充足，於是，樹葉就在這種不同氣溫中製造糖分，尤其是樹頂，是一棵樹的「製糖工廠」。

糖分使葉子的葉青素，變成各種不同顏色。例如，美國、加拿大地區，和四季分明的國家，多的是這種變色樹，美麗的楓葉，滿山滿谷。多變的草葉，黃褐嫣紅，紛紛落在地面時，成爲一大塊一大塊多色的顏彩，人們都稱這種景致爲「地毯」。

多色的秋草秋葉，眞是秋天最美的景色。

由於它的多變多色，叫人聯想到很像一個人的成長過程，它的嫩綠樹團，很像一個人的少年時期，生機蓬勃，活力充沛。

等到嫩綠轉成了赭黃，又像是一個人的青年時期，豐滿圓融，容光煥發。

而當赭黃轉變爲紅褐，又像中年時期，經驗豐富，事業有成。多色的樹團重又回復原色，好像已到老年時期，繁華一過，又是人生另一幅景象。那時候，氣定神閒，生活恢復平靜，成爲淡出社會的老輩人。

是的，樹木受氣候影響，變出多種不同彩色，人也相似，受環境影響，造就各種不同階段，由波瀾壯闊，換成沉潛平淡。

91·1·2榮副

病室小記

與它相隨相伴，拖了多年的子宮下垂，這次算是下定決心，摘除了它。老早以前，發現有顆豆般大的軟核塡塞底部，疑爲腫瘤，當時請教剛剛開完高血壓處方的內科醫生，他答，這要看婦科或泌尿科，我幫你轉診過去。婦科醫生檢查後，才知是子宮有些脫垂，沒多大關係。

約莫一年多，柔動的圓核變成小半個乒乓球般塞著。有天正好去做老人健檢，婦科護士發現異物，請醫生過來瞧瞧，聽到醫生說，這是下垂的子宮啦！

我趕忙請教，這該怎麼辦呢？

「到目前爲止還不算嚴重，脫垂會隨時間由小而大，可分輕、中、重。等到重度時，祇有子宮切除法。」

光陰遞嬗流轉，不知不覺，症狀果然慢慢明顯，站立越久下墜越深，時日愈久吊掛愈沉，除非坐臥平躺，才會滑向原處。

之後一共看過四位醫生，講法一致：「拿掉子宮」。要不用器材自行塡塞，那定得保持潔淨，必須日日清洗再塞，或者用懸吊術做暫時性支撐。

我是個緊張典型、膽子極小的人，拔顆牙可以拖上半個年頭，拖延復拖延，脫垂的子宮，一直讓它像球般懸著，直到有天下體流了血，才感問題嚴重。求治第五位，台大婦科的陳思遠醫生表示，流血是摩擦破皮所致，既怕手術，懸吊術縫綴法亦可考慮，不過懸吊支撐後，二、三年又出問題，到那時再開刀，年歲更老，不如趁早切除，一勞永逸。

醫生隨即安排住院，塡完手術同意書，什麼也不想，倒也泰然處之。傍晚麻醉師前來探訪，他說：「妳有高血壓，又有心肌缺氧，麻醉須負部分風險，這一點，務必要與家屬說清楚。那天，獨守病室，思緒萬千，夜裡難眠直到天明。

次日等到中午始穿上手術衣等候，二十五個開刀房，滿滿全在工作中。麻醉師把針扎進靜脈管，瑪司脫還未罩，倏忽就在疲憊中全然一無所知了。

清醒過來，感到下體隱隱刺痛，但一種輕鬆、坦然和止不住的喜悅湧進胸懷，因爲，多年累贅已由此刻作別。

91·4·3中時醫學版

秋樹秋果

欒的聯想

那天搭乘捷運往淡水線上的列車，從烏黑的地層馳上亮晃的高架，閃過一幢幢高樓雜疊的建築物，向圓山方向馳去時，一棵棵綠樹頂梢，一蓬蓬黃色花簇迎面飛來，放出充滿生命的豐盈高燦。

「是欒樹的花，過一陣又會轉成如火熾烈的艷紅蒴果了！」我興奮地從心底叫了起來。認識欒樹，還是前年事。那時在台北小城女兒家小住，有棵不知名的綠樹，在尋常季節是棵毫不出奇的喬木，但入秋以後，高高樹端聚成一球球墨綠濃團，過不久綠轉成鵝黃，不知不覺間，赭黃又染成緋紅。不知名的多色樹，有些地段也有很多，幾經打聽，才知它叫欒樹，是台灣土生土長的原生樹，是屬優美的庭院綠樹和行道樹，最搶眼的是金秋季節，頂端會變黃變紅。

叫不出名，常常喜歡一探樹名。

尤其是在旅行途中，凝望形式美觀的奇異樹種，總按捺不住好奇，要尋根究底問個明白。

有年在塞納河畔，看見排列兩岸，枝幹灰白高挺拔秀，形如塔尖不知名的樹，問起名字，團員中恰好一位老先生識得，他說這是樺木，樹皮會一層層像紙一樣剝離脫落，古人用它的皮捲蠟成燭，白居易古詩：「秋風華燭香」，就是指這種樺樹。

又一次經過蔚藍海岸地中海，兩旁整齊對稱的大樹接連不斷，倒懸的樹形上圓下細，枝繁幹矮，海風翻動千層綠浪，氣勢十分懾人。

不待發問，導遊已在介紹：「各位請看，那許許多多像蕈一般的樹叫做雨傘松，全世界祇有地中海才有，它們是地中海岸的著名產地，稀有特產……」。

它仍有翡翠的綠，圓弧的蓋，四張的骨幹和垂覆的針葉，像極了撐陽的傘。濱海大道飛馳的車輛，在成行成列的傘蔭下流轉。

在奔馳車窗裡，陸續又辨識了婆娑多姿的菩提樹，風中傳響的橄欖樹，多種多類的梧桐樹，古老長青的扁柏樹。

於是，祇要與已能辨識的樹木再相遇，總會樂不可支地道出它的名字，正如那天在捷運線上，驀然發現欒樹花開，如見故友，滿懷喜悅，盡在不言中。

橘的季節

一年好景君須知，最是橙黃橘綠時。

水果攤上的橘，又見綠中泛紅，想必山上的橘園，該是滿山紅艷，織就一園秋果了。

橘的季節裡，想起去年晚秋上山採果的盛景。

那一天，繳完費，取了袋，便爬上免費品嘗、帶走另算的橘園。上去前，那位果農好心相告，你們儘管安心的吃，放心的摘，果樹沒噴過任何農藥。

山坡上瀰漫著秋果香、樹木香和散溢的泥土香，甜蜜的空氣中，陽光正投上密重重的千果萬果，熠熠若金，閃盪如鈴。

穿梭在枝葉碰觸，繁果垂掛的樹間，也不知從何處著手，祇能挑最靠近身邊，緊挨胳臂的先摘，邊剝邊吃，果汁往外溢，瓊漿甜心脾，這才是新鮮純淨，市面上買不到的樹頭鮮呵！

過不久，一波波採橘人紛沓而至，嶺上的果園，成了以橘爲舞台的交流會，親手採擷的嘗鮮地。

「那幾棵滋味最甜。」「這兒的很飽滿，最大粒……」不見人影的濃樹叢中，聲音像蕩漾秋水，一漣一漣飄浮顫動。

採滿兩膠袋，下來在工寮結帳後稍稍休息，問起園主如何看顧橘園，老果農說，現在人難找，一切自己來，像修枝整地，除草除蟲害，事情忙累，過去好些年，常灑農藥受到侵染，弄得半邊臉都麻痺，這些年一直不施化肥，不用農藥，這樣才不致害人害己，保護了土壤，不再讓它受到毒害。

兒女都在城裡工作，他們體貼我們年歲大了，收果挑運太辛苦，一直建議讓人接管，搬到城市和他們一起住……

「台北很吵，沒有這裡空氣充足…」果農老伴，坐在一旁這樣說。

果農又道，我們寧願辛苦，不會放棄這塊山坡地，它是祖宗留下的地，是我們一生的寄托，有世代的情感呀！

說著說著，又忙著招呼來來去去的採橘人，給膠袋、磅斤兩，然後掛著滿足微笑，送走一批批遊客。

是的，他們對這片山坡地的鍾愛，對果園的一片眞情，可從佈滿風霜黝黑臉上看出。

今年，又將到果園開放的採橘季節，一等秋意轉濃，秋果紅透，仍想再去找找那果園，看看腳踏泥土，胼手胝足的果園主人是否無恙？

92·11·16青副

別了！老屋

庭院老橘樹，頂滿小花如雪，迎來陣陣幽香。杜鵑花盛綻，緋紅的聖誕花褪淡，素雅的白鶴芋登場，綻放的花序像一隻白鶴。

看了三十多年的花開花落，歷經三十多載的冬去春來，如今佇立凝望，已屬最後一季的春暖花開，因爲，就要離它而去，將要說聲再見。

住了三十多年的樓屋，飽經數十寒暑的風霜，如今凝睇仰望，對它充滿情感，無限回憶教人不捨。猶記剛搬抵小樓，周邊一片稻田，一方魚池，竹林悠悠，環繞畦畦菜圃，亦市亦鄉，野趣盎然。

慢慢地，周圍的稻田，變成一棟又一棟房舍，池塘塡建高樓，竹林圍繞的大片綠地，全規劃成公寓、店面及寬闊道路，於是，巷弄愈佈愈密、人口越增越多。

在這兒，編織過夢想，過得篤定充實，是生命中最長的驛站，收存著溢滿親情的天倫之樂，現在將要離去，對它有份難以言喻的留戀，和內心底層的不捨。

這其間，有孩子們成長的歡笑，有慈母伴陪的音容，有丈夫壯年意氣風發的身影，有我累積的流金歲月，以及庭院裡花花草草的滋生茁壯。

然流光不停留，孩子們一個個畢業就業，結婚生子，先後離開了老巢，慈母升天安息，丈夫、女兒相繼離世，世事難料，無限滄桑。

三十年前種下的院中老樹，該已看盡我家生活史，也歷經茁壯事。這顆玉蘭樹，枝幹茂盛，急速攀升，常遭颱風摧折，或因高過樓頂而被整修砍鋸，傷痕累累。一株老橘則枝椏橫生，伸展得快，常常修剪又修剪，但長年結實纍纍，滿樹金橘既能觀賞，亦是我們傷風感冒時的及時良藥。而滿地非洲鳳仙，開得熱烈，紅白相映成趣，幾乎無時不拔、無時不摘。

滿院花木如此鋸鋸剪剪，常被弄得疤痕累累，綠葉枯黃，但過不多久，又見起死回生，重新恢復原先的蓬勃生機。

這就如同生活在老屋裡的家族，遭受著垂老病死的不幸，生死別離的錐心之痛，唯待時間溶化心底的寒冰，撫平承受的傷痛，慢慢地，再恢復日常的起居行事。

可不是嗎？老屋五間房，原本熱熱鬧鬧，人丁興旺，洋溢著朗朗讀書聲、音樂聲；客廳的沙發椅前，總見螢幕閃爍、話語不息；而廚房裡，每晚瀰漫著菜香飯香，守候下課、下班的家人享用。合家福上鑲嵌每個人幸福的笑顏，家居生活中，總有一位幽默風趣的男主人，有著說不完的笑語。

一年年，五間房逐漸空了，螢光屏前語聲漸稀，廚房冷火冷灶，再也少見昔時熱鬧景象，家屬陸續離散，衹剩一個暮年的我守著老屋，每天巍巍顫顫地上下樓屋的階梯，清冷冷排不去偌大空屋的孤寂。

家。

最後，聽取兒子們屢次的建議，終於下定決心把老屋賣掉，在靠近他們住所的地區，另搬一間屋，這才覓得一間迎合我性靈，可以看山看雲，日照充足，充滿陽光的一處山腰上的家。

屆時，兒子們將輪流上山，偶而盤桓，以盡他們公忙之餘的侍奉孝道，車子隨時接送，往返醫院看診或領取慢性病藥，食品按時運補，不要老母再操勞。

日後，且讓流雲飄進門扉，夜霧晃動在腳踝，朝陽灑遍我身心，滿山翠綠饗我眼眸，過一過遠離塵囂的山居歲月。

別了！老屋，再見！庭院。

94·6·2青副

桐花之歌

白皚皚、亮閃閃，初春花團錦簇，五月翻飛如雪，這是油桐花每年一度的變妝秀。

我們的花兒頂滿山頭，把耀眼的光輝瀉落林梢，遠望粉妝玉琢，近觀織雪輕覆，宛如枝枝白花傘。

我們是百花中的花仙子，一春一春翻白山頭，一回一回熟透枝椏，祇可惜，早期藏在深山人未識，很少問起姓和名。而實則，我們的蹤跡，早在深山丘陵設籍一代又一代。

直到最近十多年間，才獲得人們青睞，被人稱頌、讚美，文人爲我們吟桐花詩、桐花謠；客家鄉親爲我們辦桐花祭、桐花節；旅行業有歡樂賞桐行，餐飲業有美麗的桐花宴……，發展成了旅遊文化的新局面、新事業。

早在農業社會時代，我們對台灣的貢獻是極大的，那年代，桐油產量不敷民間需求，便在北部山區和低海拔闊葉林普遍栽種，由於油桐樹適應力超強，生命力快速，不需人們特別照顧，紛紛完成開花結果的任務，果實提煉出桐油，用作防水防腐防蝕的塗料、印刷油墨、樂器紙傘，以及建築材料都派得上用場。

祇是，具有高經濟價值的油桐業，隨著科技進步，漸被化學合成產品所替代。在已無發展空間的漫長過程中，度過無數被人遺忘、鬱鬱寡歡的歲月。任爾花開又花落，堆滿青山頭。

幸好，我們的意志力堅強，生命力充沛，靠著風的航行，種籽向下紮根，新秀衍生成林，遍布了山林原野，永續傳承地連接成一處處的桐花風景線，爲人間點綴了四月桐花五月雪的浪漫風情。

我們是土生土長的熱帶植物，與相思樹、鳳凰木、台灣欒、木棉花一樣的族群。特色是努力的開花，隨性的落花，不若山櫻紅顏薄命，不像木棉的矜持孤高，也不像相思的沉鬱含蓄。

我們的花期能持續四、五週，可讓人們放慢腳步上山欣賞。享受在樹下捧接飛花的樂趣，踐踏滿地花毯的詩情，完成我們一生中最美的使命。

追溯過去，那條條上山路，都是與我們同一世代的原住民，挑茶挑筍，揹草揹柴穿行的羊腸小徑，如今還依稀留著他們渾重的跫音。還有斑鳩竹雞的幽遠啼聲呢。現在，就是賞桐人腳程所及的桐花步道了。

在早年，隨風四散，鋪落地面的梧桐果，也是孩子們撿拾的至寶。乒乓球大小的果集多了，便可向煉油廠換取零用錢，買些珍愛的糖果犒賞自己。

在當年的鼓勵種植中，桃、竹、苗等北台灣山區是油桐的大本營，更是農家寶貴的高經濟樹種。

時序推移，此刻春老夏至，花期暫歇，果實掛滿，待秋風吹起，枝葉會逐漸轉黃萎謝，接著果實彈落飛揚，蕭瑟朔風裏，葉片全部飄落盈地，像玉米片一般的鬆脆；那時候，便是我們的休眠期了。

明年暖春，我們重新回來，擺一山繁花饗宴，飄一季桐花雪舞，再唱一曲浪漫情懷的油桐花之歌……。

96·7·22青副

江南行

由於女兒生活重心由溫哥華轉移到上海，有了固定的停留地，因此，儘管腿疼難行，仍勉強陪伴初次返鄉的兒子，作了趟江南行。

在短短時日內，直向蘇杭水鄉，近向京滬線的鎮江、揚州，以及南方的桂林山水玩了一趟。除了蘇杭與桂林，我已玩過多次，只到鎮、揚及另一古鎮逗留幾天。

誠如上海的朋友所說，大陸幅員實在太大，今後，有了上海這個據點，可以時常來，慢慢玩、細細看，萬里河山走一趟！

首先我們是參加住宅小區晨運體操隊包下的旅行車，從社區出發到鎮江、揚州作兩日遊。這個新社區位於上海閘北，住戶三千餘，是個規劃得不錯的大社區，他們常舉辦這類短程活動，這一輛二十多人的旅行車上，除了晨運主婦、退休公務員，也有幾位上了年紀的老婦。

原先這批芳鄰對我們幾位台灣去的還保持一份距離，同遊半日後，也就親近熱絡了起來。其實同車的芳鄰們，其中也有廣東上海人、江浙上海人、蘇北上海人，這兒原本就是個移民大都會，年代住久，滬語道地，生活融入，都變爲「阿拉上海人」了。

上海到鎮江車程三小時，從前僅賴一條京滬鐵路，如今早有滬寧高速公路，沿途經過崑山、無錫、常州等站，車在常州休息站停靠十分鐘，這兒原本是我小學時期的第二故鄉，但睽別超過半世紀，毫無痕跡可尋，連記憶中的天寧寺寶塔，也抬眼望不見了。

行過美輪美奐的潤揚大橋，鎮江已近在咫尺，只因不繞城區，無法一窺舊時面貌，就這樣快速地入了金山寺，這兒，與七十年前初入社會在鎮江一銀行供職時，外貌可說截然不同了。

當年，寄宿江邊馬路一位同事家，假日常到金山寺去玩，先從西火車站前行，再向金山路走去，一路垂楊成蔭，稻田阡陌縱橫，農舍櫛比鱗次，慈壽塔遙遙在望，它是鎮江的地標，登高望遠的好地方。

寺在滔滔江水的揚子江畔，跨進山門，四大金剛分列兩旁，彌勒佛笑迎，寶殿內十八羅漢金碧輝煌。從樓閣亭台蜿蜒繞過幾彎下去，有法海洞、白龍洞，腳下浪濤拍岸，四望江天一色。

隔了那麼多年再來，寶殿一座疊一座，經閣挨挨又擠擠，亭台長廊延伸又延伸，建築物把原有空間包覆得視野全被擋，只有登塔才能見到四面江水、一片浪濤了。

寺院外側，開著各式土產店，鎮江以肴肉、香醋、醬瓜聞名，美味的肴肉太空包裝，香醋醇而純，醬瓜以螺旋形的寶塔菜最稀珍，我們挑了些物美價廉的肴肉、香醋，準備帶回上海。

揚州離鎮江只一水之隔，以前有渡輪，現在早有公路相接，我們就在揚州進餐，乾絲、肴肉、扁魚、紅燒肉和一大碗獅子頭，都覺特別可口，而芹菜、生菜、瓜碟、醬菜也是滋味清甜，或許是肚子餓了，第一頓的揚州菜，比預期中的團體餐好吃。

揚州瘦西湖，僅西湖面積四分之一，但它瘦而俊，小而美，雖沒古時乾隆盛世的繁榮，卻仍然是個重要水產品與手工藝之鄉，更是美食之都，就以乾絲來說，將豆腐乾切得細如絲、輕如髮，與火腿、香菇、冬筍和老雞湯煨煮，便成經典佳餚。

抵達瘦西湖，細雨霏霏，撲面而來，二十四橋長堤垂柳飄拂，綠蔭迷濛，季節雖已不是煙花三月的瓊花盛開時，但揚州有「廣玉蘭」樹種，色如象牙白，花開正盛，可與有名的瓊花相媲美。

幾個人合租了一艘船，在瘦西湖面蕩漾，岸上的詩社、古園、亭橋樓閣和竹蔭曲徑，一一在彎曲迤邐的湖上晃過眼前，充滿風雅詩情。

那天我們住宿的旅館，庭園到處開滿了「廣玉蘭」，花苞仿若荷苞，綻放大如拳，花似雪，瑩如玉，尤當清晨綴滿露珠，眞是美極了。

翌晨坐車到城內一家老茶樓吃早點，揚州早茶向負盛名，我們一行落座後，對早茶的選擇就商量半天，套餐、簡餐、單點、全點……結果決定每人二十元吃套餐。一下子，三丁包、小籠包、千層糕、水晶糕、甜燒餅、鹹酥餅、乾絲、肴肉、小菜、鹹菜擺滿一桌。

吃著吃著，一個挑扁擔的菜販，行過楊柳岸，來到市裏賣，一葉畫舫搖進護城河水道，徐徐盪過茶樓古窗前，雀鳥在柳條兒上跳躍，揚州之晨，宛如畫幅。

回上海休息兩天，又參加旅行社的蘇州、周莊二日遊，蘇州與姪輩見見面，聚過餐，住宿一宵，便往周莊。

周莊古鎮，離蘇州一個多小時便到，大門口有個以江南園林爲主體的建築迎迓，又爲大家攝影肖像鑲入遊園劵作紀念。再駛入鬧區，下車徒步到小橋流水人家去攬幽。這時，街上車輛塞滿滿，遊客洶洶湧湧，眞把這個小鎮塞爆了。

鎮上有兩戶百年前發跡的首富，他們的宅第便成周莊的觀光遺產。七、八道進深的花廳後堂，衆人在台階門檻間跨進跨出，古像古畫前，導遊們口述歷史說得頭頭是道。只是大宅再寬廣進深，也容納不下如許多的遊客，一個個熱得冒出了汗。

索性，我不再踏入宅院，留在門前河街，獨自欣賞水巷河埠，粉牆朱瓦。原本，我就生在水鄉，來此最重要的是舊時光的重溫，水鄉的尋根呵。

家鄉地名雖與這兒不同，卻是一樣的傍水而居，一式的窗花格樓房，同飲運河水、同沐舊文化，共有古時物、古時景……正沉醉在童年的橋，窄直的街，領隊在那兒招手要歸隊，去逛老街了。

老街店鋪擺著許多鄉土糕點，印花布對襟衣、虎頭鞋，也有不少小骨董。周莊的「萬三酥蹄」是風味名產，烹製得紅艷艷、晶亮亮。玲瓏有致的排放在透明窗內，望去好像一堆藝術品。

返回上海後，有一晚，在那兒工作的外甥，開車接我們去遊夜上海。他說，上海的繁榮，不是一年一變，而是日日在變，三年又一大變。

開上高架橋，外甥忙又指向下面，「最美的外灘夜景，就從這兒起……」看哪，滿眼的璀璨燈光，眩目得金碧生輝，開車的人全都慢手慢腳，牛步緩行。往下望去，右邊是燈火閃爍的東方明珠電視塔，前面是外灘公園鑲綴樹群的華彩繽紛，再是新浦東滿目的高樓霓虹，另一端，就是經歷了百年滄桑巴洛克式，文藝復興式的老建築群。那一刹，左看右看，遠眺近觀，到處是浮雕般矗立的建築物，四望是鋪天蓋地的燈海燈影。而車道車流如矢如砥，車頭車尾燈串連成一條條火龍，這一刻，恍若墜入了夢的城堡。

下了橋，外甥又說，外灘將有一個破天荒創新計劃，那就是：把這兒全部的地上物，連同道路，原封不動地掀高提升，中層的海水排清抽乾，海平面開築地下城，這樣，外灘地區無形中擴展了兩倍。

哎呀，這眞是愚公移山，眞箇是翻天翻地的超強工程。

淮海路、徐匯路一帶的老梧桐，依然綠蔭成排，綿延不絕，它們都是思源懷舊老上海的根。而十里洋場新建築內，設計時尚驚異，櫥窗頂尖時髦，那又是奔放前衛的新銳產物。

石庫門舊城區變造的「新天地」，是人氣最旺的娛樂休閒地，集酒吧、商店、音樂廳、俱樂部、燭光餐廳、露天咖啡於一身。旅人遊客、明星藝人、追星族、上班族……最愛到此一遊。

我們駐足的那一晚亦不例外，中外觀光團人影幢幢，露天茶座燭影閃爍，一片歌舞昇平，一片聲影笑語，這兒是上海的蘭桂坊。

這回的江南短線遊，那趟的夜上海掠影，且追記敘述，算做紀念，莫待日子久了，失智症來了，記憶完全喪失時……

96·5·5青副

開骨記

疼痛與我，長期爲伴，在漫長歲月中，如影隨行，折磨三十年。難纏的疼痛是退化性關節炎，早年還未嚴重時，數月發作一次，每當關節發炎，跨不出住家細窄的短巷，可說是咫尺天涯，遙不可及，嚴重復發時，關節發出異聲，膝蓋牽動痛徹心肺。

不發病的日子，也非行動自如相安無事，因爲兩腿關節，總是帶著酸軟軟、虛累累的疼痛不適。

也並非不肯去看醫生，在那漫長日子中，除了吃藥、注射各種針劑外，曾在各醫院轉來轉去，榮總骨科主任說，妳的關節已經像一團塌陷的沙發，需動手術才能修補。三總的骨科醫生說，關節面軟骨已磨損破壞，且已變形，要換人工關節。耕莘醫院骨科門診說得更直接，妳的關節已病入膏肓，無藥可救，唯有動手術一途。

幾年又過，再掛台大門診，那位教授級醫師說，再不治就將不能動，無法走路啦！這一聽嚇了一大跳，沒法走路，不就是癱瘓了嗎？這才首肯接受開刀，置換人工關節。誰知兩個人工關節申請下來，醫院來電即刻住院，我卻又臨陣脫逃退縮了，原因仍是膽小怕痛、信心不足，無法克服恐懼……

冬去春來又幾回，眼看庭院的橘樹已開了幾回花、結了幾回果，我依舊在疼痛中拖延、磨菇，忍受著、克制著。在兒女眼中，是個有問題不解決，寧可疼痛也不肯開刀的固執老母，在朋友眼中，是個拄著柺杖，抱膝忍痛的木訥老人。

時光不待人，又撐了幾年，直到最近這半年，疼痛加劇，行路更難，已到無法再過正常的生活起居，和最起碼的行動本能了。

有個清晨，在社區中庭遇到一位健走的陌生芳鄰，見我舉步維艱，好心地告訴我，她的老母親，去年八十四歲時，在郵政醫院動了置換人工關節的手術，至今已有一年，現在早就行走自如，恢復正常生活了……

往昔歲月裡，兒女們的苦心勸導，總是遲疑不決，即使反覆思量，考慮又考慮，始終下不了決心。孰料陌生鄰居的幾句話，居然打動我心，她的老媽媽八十四歲動了手術，我今年剛巧與她同齡，八十四歲仍有人在開刀，證明我也行。

三十年的矛盾掙扎，長時期的封閉固執，一下子竟鬆了綁、開了竅，這個遲來的覺醒，如同一隻垂危的困獸，兀自驚醒，終於明白：與其難敵疼痛，怎不長痛化短痛？

兒女們聽了這突如其來的抉擇，驚訝得全都叫起來：「這真是天大的好消息，老母終於想通要開刀了，實在是樁不簡單的壯舉呀！」

速戰速決，三天後兒女陪我到郵政醫院看那位鼎鼎大名的陳院長，他也直截了當，要我自己選擇開刀日期，爲了避開農曆的七月忌諱，於是選擇了六月底的某一天去醫院報到。

到了那天正式辦好入院手續，但好事多磨，因心血管病長期服用阿司匹靈，影響了血液凝結，需停藥一週再去檢查，時間已是農曆七月初五。

其實，鬼月不鬼月並不重要，重要的是陳院長每年開千名病患的口碑，以及求治者遠道慕名而來受到肯定給予我的一份信賴。

當天城光教會鄺傳道夫婦來爲我祝福，兒子們也一早趕來爲我加油，事到臨頭，心理倒也篤定平靜，沒有開刀前的緊張不安，該來的總歸要來，不好受的終將要受。

我是排在早上七點半第一刀，不知怎地，血壓忽然偏高，等到穩定，已是接近中午的第三刀了。

做完半身麻醉，手術開始進行，我清楚的聽見，鋸子提起落下的金屬聲，刀子東刮西切的沙沙聲，時間一分一秒的滴答滴答，手術燈又亮又炫的投照下，旋即眼皮酸澀，頭也昏沉了起來。

三個半小時後，我被推出手術房。

醒來，周身已插滿管子，污血的排除管、導尿的引流管、麻醉的注射管、靜脈的點滴管……每當一袋鮮血輸完，必會冷得顫抖，需加蓋一條被子，而當疼痛難受時，自己加壓一次麻醉止痛劑量，那幾天就一直反胃沒食慾，眼見兩腿腫脹，硬若石頭，下肢瘀血，像幅潑墨畫，真可說是滿目瘡痍慘不忍睹。

直到第二天，麻醉袋拆除，血漿停輸，兩側污血管拔除，次日導尿管取走，點滴停掛，身上雖輕鬆許多，但無法言說的傷口刺痛，成為沒法忍受的煎熬。

第二天，規定下床走幾步，當護士扶我下床，雙腿一垂掛，便痛得叫起來，鄰床陪病的大漢過來攙扶，也是徒然，站不住腳。直到幾天後，勉強扶著助行器，緩緩步出病房，走廊上習步的病患，見我雙腿纏著紗布直說：「開兩刀耶，好勇敢喲！」

誰知就是因為開兩膝，加上年歲影響，下床比別人晚，恢復比別人差，人家能抬腿踢步，我卻提不帶勁，進展之緩慢，使得心裡著急。

經歷這次不簡單的開骨，從站立到使用助行器，從四腳枴杖再換單根枴杖的復健過程中，曾腫脹僵硬難熬過，肌筋攣縮拉傷過，絆倒摔跤跌滾過，過程並不十分順利，如今三個月匆匆已過，開骨究竟成功了嗎？還是個未知數。

但無論如何，置換人工關節終究是項大手術，雙膝同時開骨，更是一場大挑戰，唯有靜待時間光陰的凝聚累積，才能得到正確答案了。

期待我能早日療癒，繼續前行，走向更長更遠的路。

95·11·29青副

第二輯　過往雲煙

風雨歲月

一個時代，有一個時代的情懷。一個時期，有一個時期的熱情。

當今社會，媒體所見的年輕人，對崇拜的影藝偶像，熱情奔放，如醉如痴，遇到某一藝人來作宣傳，粉絲族瘋狂，機場擠爆，連拍攝過的場地，竟也成爲觀光景點。

回溯六十多年前抗戰初起，日本帝國主義蠶食秋海棠中國，掠奪國土，侵略日亟，情況已到忍無可忍的地步，首先就有許多愛國藝人，暫別水銀燈走向群衆，從這個城鎮到那個城鎮作巡迴演出，爲祖國全力以赴。少年時期同樣充滿唯美浪漫，崇拜電影明星，日本侵華之始，一批影星如鄭君里、趙丹、顧也魯等人來到縣城演出「怒吼吧，中國！」見到影星盧山眞相目，看到他們滿腔熱血，除了狂熱瘋癲的崇拜之外，更被影星們的愛國情操，激發敵愾同仇的抗日怒潮。

那時，影藝界組成的巡迴公演抗日話劇風起雲湧，國難當頭。大家一起參與抗日行列，府前壁報欄刊滿學生募機運動，童子軍募捐廢銅破鐵增產武器對抗敵人……鬧區商店收音機沸騰一片抗戰歌曲：「中國一定強！」「我們要打倒日本帝國主義」……

小縣城運河邊泊船碼頭，來了許多逃荒人，茶館裡紛紛談論著外面發生的事，日本軍閥在盧溝橋發動侵略戰火，北方已經狼煙四起……

那份悲憤，那份蒼涼，是山雨欲來風滿樓的大時代情懷，是江濤動地來的熱血狂潮，不管當時是毛頭大孩子，是中生代或老輩人都一樣，那是千千萬萬人面臨國家存亡的生死關頭呵！

「七七」砲戰響起，我住的小縣城不久便有敵機濫施轟炸，水電廠、紡織廠、學校、民房凡是城裡的重要設施，都逃不過它的摧殘，於是，一處處斷垣殘壁，一幅幅血肉模糊受傷者，像恐怖電影般呈現眼前，眞令人觸目驚心，血脈賁張！

當年的男女老幼，全都嘗過逃難的驚悚恐怖，經歷寒夜凜冽，一夕數驚的顚沛流離，看過屋燬人亡，鬧城變鬼域的淒涼景象，也不管是逃到大後方，或是沒法去的，那種國仇家恨，流離失所的惡劣環境卻不因境遇的不同而有所差異。

爲此，身在淪陷區的百姓，在沒有國那有家的失落中苟延殘喘，每個人的心中都有一盆火，再苦再受到迫害，人們總把屈辱隱藏在心底。

度日如年的八年抗戰，悠長又緩慢，但緩慢歸緩慢，日子總是要過，成長總歸要成長，悠悠歲月，上了年紀的老者，都在抑鬱困境中逐漸凋零，小輩的像野草般茁壯成長，應該已到高中畢業年歲，然而他們的命運，因戰亂而輟學、失學，因家困而停滯、停頓；即使幸運進了學校，太陽旗下的教育，讀的是心中仇恨的外來文化，史地驟減，國文簡化，日語加重，成爲主課的一部份。

那一年，終於上了一所私立中學，最最難忘的是開學日老校長對同學說的那番話：「今天大家生活在淪陷區，受到管制壓迫，他們的槍，殺害了千百萬軍民同胞的性命，這筆血債，永遠不要忘，最近我聽敵後消息，獲知鬼子兵進入南京，用機槍掃射了無數的善良老百姓，同學們要記住不共戴天之仇……」。

那時候的初中生，並非承平年代十二、三歲的青澀少小。而多是年齡參差不一，經過劫難的老成少年，傾聽老校長敢冒大不韙，在敵人勢力範圍下勇於說出這番話，無不震撼尊崇，激動萬分。

八年苦戰歷經艱險，過一日如同過一年，但百姓最後還是企盼到勝利。那一年，喜訊之下全民共慶，歡欣若狂，天涯遊子，復員返鄉，雲破日出，迎來光明。

但是，日本侵華戰爭期間，許許多多可歌可泣的抗日戰士，一群群驚天地、泣鬼神的中華兒女，他們為國犧牲，用鮮血換來的辛酸，仍像瘡疤般癒不了，去不掉。

想想看，八百壯士死守四行的淞滬決戰、慘絕人寰的南京大屠殺、死傷累累的重慶大轟炸、前仆後繼的長沙大會戰、桂南大會戰、台兒莊大會戰……多少置生死於度外的國軍將士，敵後工作者在戰亂中成仁，日本的侵略罪行，是一輩子不能忘記的痛與恨；是長駐歷史的罪與惡！

相同的，在光緒二十二年台灣割讓日本，佔領初期的橫暴殘暴，同樣有許許多多的漢民，台民和原住民組成義軍，為了保鄉衛土，發生過無數次的抗日壯舉，例如早年護台的乙未戰爭，太魯閣原住民抗日之戰，林杞埔事件、羅福星事件，吧哖事件，以及後期的雲林事件、霧社事件……都是轟轟烈烈，忠勇義烈的史蹟。

而日治時期的實施配給管制，發動皇民化運動，推行日文教育，消滅台灣傳統文化……這種種，在與當年淪陷區，同樣的時代背景，一樣的民族傷痕。我們那時代的八年抗日已感度日如年，艱困難熬，而台灣同胞被統治半世紀，眞是長如度年，無盡折磨呵。

光復勝利已六十個年頭，我們這一代中國人，有過心靈上的創痛，度過風雨的歲月，嘗過勝利的果實，在這個海島也已好幾十個年頭了。

活在這塊土地，不論你或我，蕃薯或芋仔，全都生於斯、老於斯，視她親切如故鄉，與她休戚與共，同命相連。

祇是，一甲子過去的今天，人們對戰爭浩劫漠視了，把歷史記憶淡忘了，反將現時代的新世紀弄得紛紛亂，政壇騷騷動動，杯杯葛葛，社會亂亂糟糟，人心痲痺，道德沉淪，當年的善良風氣那兒去了？過去的道德規範又到那兒去了？

此刻，唯有彼此坦誠相容，珍惜這塊土地，才能有個更爲美好的明天，彼此融契互尊，愛鄉愛邦，才能經營一個更爲健全的幸福寶島。

這是走過風雨歲月、飽經歷史滄桑的過來人，共同一致的禱祝與期盼。

94·11·11青副

新春憶歲末

美好的舊曆年甫過，又是新春時節，但心思總會飄到往昔，年味穿空而來。

那是孕育在童稚的濃烈氣味，有深切體會的幸福感，已在心底生了根。

久遠久遠以前，小學還沒有放寒假，有天回家，家裡已請來裁縫師傅，正在客廳裏一扇門板搭起的工作檯上剪剪裁裁，桌上擱滿了衣料皮尺、熨斗漿糊，做起全家人新年穿的新衣服了。

一天天細心縫製一件件新衣全部做完收了工，這時候，年也漸漸近了。年終第一個節令是臘月初八，家家吃臘八粥，粥的材料有蓮子桂圓、紅棗百合、赤豆烏豆、桂花米、紅糯米，煮得又稠又甜，每天加溫加熱，似乎吃也吃不完，老祖母說：這才代表財物用不完。

緊接著忙著辦年貨、大掃除、醃肉醃魚，燒臘熏臘後，便是做芝麻糖、米花糖，廚房充滿糖味甜香。

那時最期待的，就是醃魚後的一頓晚餐，好幾十斤的青魚鯉魚剖腹時，必有一大堆魚白魚子，當晚母親就用大蔥老薑、胡椒豆腐燒成一大鍋，暖呼呼、燙辣辣，吃得額頭冒汗、滿口生香，眞是一年僅有一次的美味佳餚。

接下來的一樁大事，要把石磨搬到廳堂磨米粉，全家上下，從早到暮輪番接替。磨石成粉的日子裡，碰巧與紙窗外翩飛的瑞雪齊紛灑，那熱鬧和忙碌，與溫暖的火盆熊熊炭爐一樣旺盛。

磨完粉，選好日子，就要做年糕和糰子，年糕分紅糖年糕白糖年糕，糰子分肉和菜兩種，糕是長方，糰子渾圓，用荷葉或粽葉鋪底，起碼都得蒸上十來籠，蒸好熱氣沸騰，香氣襲鼻，趁熱蓋上大福字印表示大吉大利。

而一籠籠葷素糰子，蒸好揭蓋，晶瑩凝玉，渾然天成。最後將剩下的米粉蒸些沒粘性的白年糕，四方結實，放入水缸冷卻，一直可以吃到明年二、三月，到時取出放肉絲韭菜同炒，依能聞到年味芬芳。

蒸糕時間多半以點完一炷香爲標準，香熄糕熟，定是錯不了，萬一沒蒸熟，那是不吉利的事。到了二十三、二十四送灶夜，再蒸一籠瑪瑙糰，小糰紅白相間，疊聚成簇，另燒一鍋鹹粥祭灶，這一鍋鹹粥與臘八粥同樣重要。晚上熬完一罐豬油貯存後，利用豬油渣與塌苦菜、豆渣餅、油豆腐千張、發芽豆，煮好小麥粉芶芡，稠濃適度十分好吃。

祭過灶再用紙轎紙馬焚燒，煙灰扶搖直上，象徵灶王安抵天庭。最後重頭戲，就是大年三十的守歲過年了，暮靄時分，先請祖先祝饗，宮燈掛起，紅燭高燒，炭盆燒旺，焚香跪拜，融莊嚴與虔敬於一爐。

祭祖完畢，天色轉暗，燈燭燦然下，全家圍坐一桌，團聚吃年夜飯，席上一隻大暖鍋，炭火畢剝，熱氣昇騰，魚圓、大蝦、蛋餃、海參的金銀四寶鋪滿鍋面，雞、鴨、火腿、冬筍、黃芽白和線粉吸滿湯汁，色彩繽紛，內蘊豐盛。其他年菜少不了燒肉燒魚，全雞全鴨、十錦菜、如意菜、酒釀圓仔等象徵吉祥的菜色。

這時候，儘管門外北風凜冽，寒星冷顫，廳堂卻是燈火生輝，溫暖如春。祖父母發完壓歲錢，十二點一到，門外爆竹四響，戶戶鑼鼓齊鳴，年的歡愉，已達到最高點。

大年初一，開門第一件事就是放炮竹。

「爆竹一聲除舊，桃符萬象更新。」

大地慢慢轉動，歲春綿遠延伸……。

93·2·23青副

記憶箱

閒來無事，整理抽屜，發現一包紫色貝殼，幾枚黑紋卵石，那是很久前在海邊水畔撿拾，這次如不發現，幾乎將近忘懷。

於是，趕緊把它收入我的記憶箱。

這個小小的記憶箱，存留許多具有紀念性小件，雖然雜亂，卻全都是跨越時空，從歲月中篩檢下來的東西。其中有黃漬斑斑的書翰信札，有年輕時代佩戴過的小首飾，有依稀猶記得的老照片，以及孩子小時候的學業成績單、畢業證書等。

就從剛剛收攏的幾枚貝石來說，拾獲時間先後有別，撿取地點也相距甚遠，雖然同屬水邊物，祇是，一個是台灣海邊的貝，一個是海那邊長江的石，此刻觸摸它們，仍能諦聽沙灘的海浪撲飛，岸灘的江水流淌聲……。

記得幼時家鄉老屋，有個放置舊物的儲藏間，保存著許多褪色的古玩字畫，暗黑的燭台燈盞，舊式的楠木箱籠，泛黃的屏風繡帷，黃銅水煙袋，骨瓷鼻煙壺，檀木大小匣子……。

這些東西，都是祖母那一代，以及再上一代遺留下來；小時候常在古物的迷宮裡翻翻弄弄，一蹲半天，直到母親點燈來找，才在暈黃燈盞下步出門梯。

多少年後，幾經戰亂，那些古物零散殆盡；但是，在我腦海裡，依然記得那間貯物室和古物香。

時至今日，環境截然不同，舊物視作敝履，如非絕對重要，一切物件全在不經意中丟棄，尤其現在居家環境著重清曠整潔，已缺少惜物觀念。

不過，退而求其次，收存一些屬於紀念性的小物件，也是很好的精神資產，怡情的生活記錄。

譬如說，親朋間的片紙隻字，函件上的郵票郵戳，旅遊中的採集收藏，書本上的記要摘錄，凡屬歷史價值的有形之物，難以割捨的鍾愛東西，都可保存妥藏，日後取出看看，又能尋回從前歲月，往日情懷。

白雲蒼狗，生活多變，留存一只屬於個人的記憶箱吧！它可爲你轉換時空，留住萬變中不變的事物。

90·2·21榮光周刊

懷念老年代

一、舊時包裝

昨天，運動後回程路上，與一位頗有年歲的同伴，聊起限用塑膠袋話題。

她說，老早以前那個年代裡，買菜一定要帶個菜籃，肥美的肉，鮮跳的魚，吐沫的蟹，或是竹筍萵苣、茭白、青菜豆腐等，都用草繩串、稻草紮，或用芋葉竹葉包；那像現在這樣，大包小包塑膠袋隨拆隨丟，各種各樣免洗器皿隨吃隨扔的浪費資源啊！

可不是嗎？記得那個年代裡，早上的燒餅油炸粿，餅用竹籤戳，油條繩子穿，買油鹽醬醋用空瓶裝，糖果、瓜子花生米等小零食，用紙捲個尖角袋盛裝，消夜吃食像甜糰鹹糰、鮮肉粽豆沙粽，用半片荷葉或一張粽葉裹，拿回家吃，溢滿誘人香氣。

還記得，要買米，升斗量完裝在帶去的米袋，紅糖白糖、滷菜熟菜，用紙包妥，輕覆一張金紅招牌，再用繩子一綁，日用商品多半使用牛皮紙。挑擔子叫賣的豆腐腦、臭豆腐乾、餛飩用碗去盛裝。

舊時包裝，雖簡單要自備，但乾淨清爽，廢棄物少之又少，紙張繩索，灶筒一丟，與火融合爲一，一下子化爲煙灰了。

又想起，新年裡剝下大量的瓜子花生核桃殼，那也不是垃圾，集中添在灶火引燃，投入火爐火盆裡燒，紅紅火光，散發出果殼的芳香。

當時唸小學時，家人免得我們回家吃飯耽誤時間，多半由媽媽或傭人送飯到課室，那合金飯盒有三、四層，下面裝飯，上層分別放菜或湯，等吃完蓋好套在長柄飯架就可提拎回去。一般攤販商家，也由家人拎去飯盒，原湯原味，溫馨飽足。

那時還沒什麼洗滌精清潔劑，廚房灶面的油污油垢，全用洗米水、黃豆粉、茶葉渣去油垢；穿舊的衣服，洗破的被單，剪成塊狀當抹布，撕成條狀做拖把，不僅如此，還要將布層用漿糊黏疊做鞋底呢。

散落的墨版書冊殘頁，毛筆寫過的字紙，都要一一撿入惜字爐焚燒掉。這樣尊重文字，巧妙利用的習慣，全是出於惜物的心。

從前人不懂得環保意識，卻做著環保先驅，雖然時移事遷，時代的巨輪穿過歲月，快速的世紀風吹浪湧，但是，往日年代的簡單質樸，卻讓人忘懷不了。

二、人心良善

那年代的人心善良，也是有目共睹。

錯落有致的平房人家，客廳長門，上半截小方木格多半用貝殼嵌、棉紙糊，夜裡僅靠大門一根門閂，從來聽不到竊賊入侵，歹徒闖空門。

庭院重重的樓房人間，向外開合的一扇扇鏤花格子窗，祇靠一根鉤子鎖閉，也從沒有過賊骨頭爬屋偷竊，偷香者竊探騷擾的事。

有些年頭乾旱成災，或水澇氾濫，災區的婦孺紛紛湧到城鎮來乞討，店老闆心地好，總會施捨些銅板，讓他們果腹幾頓，家主婦心腸軟，從自家廚房取出冷飯殘羹，裝進他們的碗缽。

大街頭做生意的店鋪，物品貨眞價實，斤兩童叟無欺，吸著白銅水煙袋的老闆微笑招呼，鄉音親切的噓寒問暖，讓顧客下回還會踏進他的店門。

民國二十八、九年間，回到動亂後已經淪陷的常州古城，不久在鄰埠找到一份工作，由於母親和弟妹仍住舊居地，父親失聯仍無音訊，一個人漂鳥般飄旅異地，星期天悶得慌，常獨自出門遊。

記不清曾經多少次到甘露寺、金山寺去觀望滔滔揚子江，滾滾長江水；到竹林寺靜聽竹在風中搖，露在葉尖滴。

寂寂金山寺，山門口有尊怒目金剛，大雄寶殿六朝古蹟多。那年頭，老百姓勞碌憂心，很少出門賞玩，常常，在那江天一色，古松老檜的小山丘，獨自消受大風四起，勢欲飛動的蒼茫。

北固山上那座蕭蕭甘露寺，三國時劉備招親的遺跡引人發思古幽情，憑欄遠眺，綠水間行舟的帆影在波光中飄搖。

竹林寺有許多名人的詩章題詠，充滿幽幽竹風和翠翠鬱林，寺內外總是不見一個人影。好的是，那段時日，江邊來去，山林行走，沒遇見過不走正道的壞人，無聊透頂的浪子。是的，往昔老年代，多的是穩重實在的正人君子，敦厚善良的好老百姓，雖然處於一個時勢惡劣、戰事未歇的環境裡，人們遭逢著苦難滄桑，祇希望平平安安過日子，耐心冀盼勝利早日到來。

92·4·19青副

爐灶憶往

每當經過山腳廟宇，佛誕時看見飯堂外擺著長條桌，架起爐灶烹調素麵蔬齋，見那爐火熊熊，柴火嗶剝，總有一份無法割捨的眷戀。

古早農業社會，燒的都是爐灶，柴火放入灶洞，先是噴出濃白煙霧，慢慢撥弄，火苗綠熒熒地跳躍，轉眼之間，火焰向上竄升，便成爐火熊熊，炊煙裊裊的特有景象。

寒天裡的灶間是最溫暖、最融合家族情感的地方，記得伯叔姑嬸們一來，最先踏進的必是廚房，他們帶來了果園子裡的樹頭鮮，古鎮老店的糕餅，彼此問問安、聊聊天，充滿溫暖氣氛。

忙著烹食的母親，已把熱騰騰的菜餚弄好，在灶間飯桌開動，菜香飯香油香，浸遊在鼻腔，紅泥小火爐上的暖鍋，燙口到心窩。

農業社會的一年三節是椿大事，端節包好粽子，用木柴蒸上五、六個鐘頭，滿屋都是角黍香，家家廚房飄送出來的粽葉味，香味達十里。

中秋吃糖芋頭也須木柴助燃，燜上一夜，早起掀開鍋蓋，桂花糖芋甜糯噴香，燒在一起的老藕酥爛綿軟，眞是好吃極了。

過年蒸年糕更是廚房大事，一籠一籠蒸煮時，灶頭必須燃上一枝香，香柱點完，年糕即熟，揭開蓋子，煙霧迷漫。年糕全在熱氣沸騰中膨脹成晶瑩剔透，一個個蓋上大紅福字印，表示家庭年年有福。

從前有兩種不可或缺的行業，一是柴船，二是通煙囪。每當家裡柴薪用罄，便要到運河碼頭去找柴船，柴分軟柴硬柴，茅草稻草豆梗價錢較便宜，樹枝塊木價格貴，通常一擔柴用大秤陀稱好，船伕挑運到家，幫忙堆入柴房，掉落地上的稻梗枝葉，也一一撿拾乾淨。

灶洞柴火燒久，難免堵塞，這時就要請來通煙囪的人，那人一手持杆，一手握長刷，先把灶洞封緊，用竹梯往上爬到煙囪口，上上下下清除沈積物，不久，煙囪掏清，通煙囪的人已灰頭土臉，一身灰霧了。

每年臘月廿四日是祭灶日，這晚，用麥牙糖糯米糰供灶，紙馬灶王轎和「上天言好事，回宮奏吉祥」的對聯一併送上天。

以往的爐灶間，是冬天的暖房，美食的天堂。是早起摸黑主婦最忙碌的地方，是長年長月最溫馨的團聚中心。

89·11·22新副

佛國之旅

出了曼谷機場，廢氣瀰漫，車輛雜亂，噪音喧囂，對泰國的第一個印象並不太好。尤其是來接我們的車子，竟是那麼陳舊，引擎轟隆震耳，座位擠迫窄狹。雖說我們來得不是時候，正值泰國新年的觀光旺季，遊覽巴士租車不易，但也不能老舊到冷氣噪音大過麥克風，連導遊的一句介紹辭也聽不清楚呀！

天色摸黑，車經高速公路入市區，開往下榻的湄南酒店，路途眞遙長。一小時左右，進入一條又像城區又像市郊的街道，路燈全是日光燈，店舖也是日光照明，一個類似夜市的街道上，攤位林立，煙霧騰騰，點燈的也是一盞暗淡的日光燈。當時心想，幽暗的光線，東西會不會吃到鼻子裡去？

想到前一天曾到新加坡的東陵夜市吃大螃蟹，經過的每條馬路，一片光亮的燈海，堆花簇金般閃閃爍爍如同白晝，與此刻所見的曼谷街道，眞有天壤之別。

「泰國的電力事業沒有充份調節，所以各位剛才所看到的有些地區，好像電力不足。」在那個曲欄樓閣的水上餐廳進餐時，領隊和我們這樣釋疑。

的確，曼谷是個又進步、又落後，有東方韻味與西洋風味混合體的一個地方。街道上，一幢幢現代建築物中，夾雜著寺廟、王宮、商舖、民宅，一如那現代化的林蔭大道，夾雜著三輪載客車，四輪搭客車、破舊的大巴士和最新流線型的名牌車一樣的不調和。

而第一晚初見的曼谷街道，簡陋如同一個鄉郊，保留著一份古樸面貌，然而到了繁華地段，卻又是雕像林立的水銀燈柱，千燈萬飾的夜總會、餐廳、戲院和大飯店等極盡奢侈豪華，又呈現出受著西方物質文明衝擊下的繁華面貌。

一天天住下來，慢慢的，捉摸出這個國家的眞實內涵，那是寺廟的金碧輝煌和精美建築，那是佛像的槌金貼金和古樸純美，那是佛塔寺塔的高聳耀眼和互相輝映，以及佛院的長廊縵迴和一塵不染……。

我們到王宮去參觀的那一天，正值新年元旦，店舖打烊，人車稀少，泰人要過四個新年，一是耶誕、一是元旦，另一個是中國舊曆年和四月十三日的潑水節。每個新年都要拜佛敬神，熱烈慶祝。在這天的新年裏，家家主婦起個大早，請來和尙唸經，並要準備佳餚敬奉僧尼。

白牆高築的王宮外面，群群僧尼，赤腳托缽，兩傍道路早有佇候的婦女，將做好的飯菜、水果和罐頭食物，放在桌上奉獻僧尼。和尚在泰國神聖不可侵，女性絕對不能碰觸到和尚，男性更不能觸碰尼姑，泰人接物用右手，不能碰及別人的頭部，特別是不能撫摸小孩的頭部，這些都是入境問俗的佛國禮節。

緊鄰王宮的玉佛寺，供奉一尊七十八公分高的碧玉佛像，由於純玉塑造非常名貴，佛身的披戴隨天氣而變化，冬季全身金袍，雨季紅色袈裟，夏季又換白色披掛；每季由國王親自更衣，因此，愈見這尊碧玉佛佗價値連城。

寺外排列有八個石塔，每一個塔代表某一個朝代。最惹人注目的是三個巍巍高塔，左邊一個是金光雪亮的印度塔，中央是晶光閃爍的泰國塔，另一個是神采雍容的高棉塔，三個高塔一字排開，造型之美，極富魅力。

在亮麗的陽光下，佛塔雕像金光耀眼，椽瓦飛簷熠熠生輝，佛殿佛壇富麗堂皇，眼前儘是一片金紫，一片橙黃，連佛前供獻的花束和燃燒的蠟燭，竟然也是純黃一色。

其實，又何止玉佛寺，無論是在金黃屋頂的大理石寺，在殿宇高大的涅槃寺，或是磁片珠貝鑲嵌的鄭王廟以及古老的黃金佛寺，無不金光燦爛，令人目眩神迷。

佛是泰國的守護神，水則是曼谷的生命線。市中心有個四面佛，終夜香煙瀰漫，燭火高燒，每晚人山人海，途爲之塞，每晚也是笙歌幽揚，佛舞翩翩。四面佛據說靈驗無比，祇要許下願望必會應驗，因此也成爲人們膜拜的最高神祇。

而那條浩浩蕩蕩的湄南河，帶著不知名的水草日夜奔流不息，居民以屋形舢舨爲家，自成一個繁榮的水上市場。過去西方國家的商船，也由暹邏灣駛進，繁榮了曼谷的商業，因此，河流是水上居民的經濟動脈，也是依水而築居民們的生命線。

客船划到水上市場，小船往來如織，販賣給外地遊客以水果最多，芭蕉、椰子、榴槤、木瓜，都是價廉物美，售給水上商店和採購市民的有果蔬、米糧、魚乾和雜貨。

客船靠岸，遊客上岸，沿堤椰攤林立，全都削得像個海碗，堆積如山，一個僅合新臺幣十元，這兒任何遊覽地冷飲極少，椰汁是最好的解渴飲料。

小橋下有個賣米粉湯的老人，遠近聞名，口碑載道，一天賣出預定數量，便不再多賣。一碗泰幣十銖合臺幣十六元，老人將一撮米粉燙熟，加入原汁牛肉湯，再添加七種不同作料，酸甜辛辣，百味俱全，遊客或坐或站，在遮陽傘下吃得唏哩呼嚕，汗水淋漓。

泰人酷愛甜食，一串串芭蕉，也要放在火上或烤或炙，皮開肉裂，看不出原來形狀了。而出產的芭樂個兒大，脆嫩上口。柚子皮薄瓣紅，飽滿多汁，芳香幽幽。

佛國的尖塔、廟宇、佛陀、壁畫是最傳統的點綴，唯獨曼谷北方八十多里處，一個叫做「大城」的地方，過去雖是泰國的故都，寺廟林立，金碧輝煌，但在西元一七六七年緬甸人入侵後，破壞得祇剩一堆堆古代遺蹟了。

由於當時的緬甸人，認爲佛寺佛塔定有無數藏金，於是，徹底翻尋洗劫了所有的寺廟、佛像和聖壇，因此，寺塔全被攔腰而拆，佛陀摧毀得缺頭斷肢，終於淪爲今天的廢墟。

直到如今，依舊斷牆殘壁，滿地蔓草，祇剩荒地上幾棵巨大的棗樹，結滿纍纍果實，一陣風過，吹得東垂西擺，充滿了生命的活力外，昔日燦爛的古文明，都在悠悠歲月中湮沒了。

「大城」是處過眼雲煙的蒼涼古蹟，「玫瑰花園」卻是個巧費心思的觀光花園，鬱鬱的林蔭道，青青的河邊草，得得的馬蹄聲，悠悠的象步行，充滿生氣，就如同南國的烈陽般充滿光熱。

坐馬車繞園一匝，騎大象踱步一圈，處處予人以新奇刺激。在裡面看場民俗表演，或是看場大象特技，也能娛人歡樂。形形式式的土產品店更吸引人駐足，在這花園內，庭景雖非突出，情趣卻別有風味。

距曼谷約一百五十公里的芭達雅海灘，是最富浪漫情調的休閒地。將到珊瑚島時，遊艇換乘玻璃船觀看海底珊瑚，那附滿岩石的珊瑚，如花如朵，緊密簇擁，千葩百卉，連接不斷，它們在海域一年年成長，一寸寸拓展，成爲海底的美麗奇觀。

芭達雅被稱小夏威夷並不爲過，它有白沙海灘有柳林搖曳，有濤聲澎湃，有海鷗翱翔。可游泳，可滑水，還可搭乘水上摩托車隨波逐浪，乘快艇拖曳傘，多彩多姿，驚險刺激。

是的，在藍天白雲間悠悠浮盪，在波浪綴摺間乘風破浪，在汽艇拖曳傘上起伏、滑水之樂外，還可放下釣餌垂釣，將那一尾尾體軀不大，花紋斑爛的小魚兒捧在手中審視，透亮的魚鱗銀光閃閃，紅、黃、白三色顏彩襯托了最美的線條，唯有這般美麗的海洋，才蘊育出這般多彩的生命！

芭達雅的海濱宜人，芭達雅的夜更迷人。入夜後，路旁的酒吧餐廳坐滿了紅男綠女，白天海灘上坦胸露背的赤足女郎，全部換上新裝，紛紛擠入各個夜總會。這兒一個由人妖組成的歌舞團，舞藝正統，不含黃色，每晚三場，場場爆滿。

歌舞團舞臺的聲光極美，出場的人妖肌膚白皙，雙腿修長，與女性相去無幾，所不同的，是高歌時隨錄音帶對嘴，頸間多個喉結。不論是跳我國的民族舞蹈，或跳西方的新潮熱舞，身段婀娜，舞姿優美，都夠得上水準，其中一個名角，長髮披肩，清新自然，比眞正的女性還甜美嫵媚。據說這些人妖，有的貧苦出身，子女太多而賣給劇團，有些自小男扮女裝，生活女性化，在手術和訓練下完全轉變了性格，每場表演完畢，出場爭與觀光客合影，賺些區區賞賜，他們自食其力，身世堪憐。

無論是歐洲國家的民族舞蹈團，或是東南亞地區的民俗表演，製造最後一個高潮，無不以演唱一曲觀光客國家的一首代表曲作爲壓軸戲，而我們中華民國的「梅花」「高山青」是被採用最多的歌曲。這個芭達雅的歌舞劇團也不例外，團員們穿上各國服裝，韓國「阿里郎」和日本「櫻花戀」之後，一位穿戴高山族服飾的團員，唱出一首「高山青」。從這個高潮節目可以看出，中華民國的觀光客遍及四方，無所不至。

樂天知命的泰國人曾自豪，他的國家每年觀光客有二百四十萬，僅次於每年二百八十萬觀光客的新加坡。是的，他那金色輝燦的廟宇、佛塔，他那天然的海灘和遊樂設施；他那波光粼粼的水上市場，以及一座鱷魚飼養場，不但吸引了大批遊客前往參觀，更生產了鱷魚皮的大量產品，賺取了豐厚的利潤。尤其是玫瑰花園演出的民俗舞蹈，不但將古典的泰國舞發揮得淋漓盡致，還包括介紹出泰國的結婚儀式、泰國拳擊、鬥雞、鬥劍、指甲舞、竹竿舞等傳統舞蹈，將他們的文化歷史表露無遺。

還有，那專爲招攬觀光客而設立的自助餐廳，濱臨海洋而建的觀光旅館，珊瑚島海域上的遊覽船，以及酷似古羅馬遺蹟的古城廢墟，不論是太古或極新的景物，都能使遊人情有獨鍾，趨之若鶩。

75·3·17大眾報副刊

雪

在那小山上綠林裡做晨操的人，老、中、青年齡都有，甩手、太極、閑聊、養神的人也有。

今天，在一林簌簌秋風，相思樹碎葉像雨花般飛舞時，聽到一位懷鄉的老人感嘆說：今兒個是小雪了呵！在北方，在這節氣後，河道就要結冰，地也開始凍了；北雁兒早飛南方避寒，下田耕種的莊稼漢，也收起鋤具準備過冬了。

旁邊的老太太接著說，可不是嗎，像我這把年紀的，屋裡早就升起爐火，把補冬的膏滋藥吃上一個秋冬啦！

結冰、地凍、避寒、補冬這些字眼裡，一幅寒冬肅殺的景象，不禁呼之欲出，浮上眼簾。大陸十月立冬後，樹葉早已枯黃凋謝，即使有些仍在苟延殘喘，也敵不過一陣陣寒風，全在顫抖中隨風墜落。因此，在此刻，樹木光禿，枯幹戳天，大地萬物，惴慄以待，朔風掠過枝梢，響起沙沙的磨擦聲，陰沉的天空，彤雲密佈，天寒欲雪。

走在黃昏的青石板路上，各家屋頂突起的煙囪，一半煙起，一半煙埋，老屋窗影燈起，啼鴉歸巢，庭院寂然，重門深閉……。

家鄉的小雪時分，正是國曆十一月底，農曆的十月中旬，重陽已過，冬至將近，說冷還不十分冷，說不冷卻也透肌砭骨，老奶奶的屋裡要升起火盆了。

那時候，耶穌教並不普遍，所以還沒有耶誕節這個名稱。但是，對於冬至，卻是十分講究，等到雪花以舞者之姿，從沉沉的天空飄落，屋頂薄薄的舖上幾次白絨毯之後，家家忙著搓圓子。冬至吃圓子的習俗，正與耶誕吃耶誕大餐一樣重視。

在農業社會，醫學並不發達，在酷寒漫長的冬季，許多身體較差，沒有抵抗力的老年人，往往很難抵擋嚴寒冰鎖的深冬氣候，因此，冬至吃圓子的意義，就是表示一家人團團圓圓，過著一年又一年的平安日子。

一年之中最後的兩個節氣，就是小寒、大寒。俗諺說：「大寒小寒冷成一團」，這兩個節氣，一前一後接踵來到，是一年之中氣候最冷的時候。

這時，天寒地凍，嚴霜夜結，朔風呼嘯，大雪紛飛，到達零度以下的最低氣溫。嚴冬是最沒有風景可看的季節，但是，鵝毛似的大雪，卻是一幅最清純的圖畫。每當大雪無止無休，無聲無息的漫天飄落，它到處亂撲，到處聚積，於是，一夜之間，屋頂窗檻，四野樹林，院角井圈全是它的風景畫。

晨起推窗，窗檻全被雪絮封住，早出開門，門扉也給雪團封閉，屋頂變得白碩肥厚，井圈忽然加高尺度，四野披上白袍，樹椏壓得下垂，似乎要被積雪折斷。

白燦燦的雪地，把每個角落打扮得粉妝玉琢，冰涼的清輝，照亮了斗室，也照亮了大地。

這幅樹影寒、天光淨、霜花白、雪花厚的景致，美得教人心悸。

落雪天，天氣並不太冷，倒是溶雪天，卻是寒風刺骨，滴水成冰。等到雪融時，積雪化水，還沒落到地面，就在簷角下結成冰花了，一分分、一寸寸的積長積粗，變成了筆直的冰柱，一排排吊在廊前，像銀簾，也像流蘇，銀光閃爍，瑩亮奪目。

再到堅冰解凍時，冰寒澈骨的程度達到了頂點，走在戶外，冷風撲面，砭人骨髓，十指痲木，兩腮刺痛。房簷下、樹枝梢、河道裡、溝渠邊，到處都是滴滴答答化冰的聲音，和悉悉索索碎裂的聲響。

就在等待解冰，冷得令人發抖的日子裡，人們似乎停止了一切的活動，躲在家裡圍爐烤火，耐心等待冰化天晴。有錢人家或上了年歲的人，也從立冬霜降後，開始吃補品進補身體了。大凡上了年紀的中老年人，吃的補品不外是從藥店裡送過來的膏滋藥，那是由中醫把脈開方，由中藥舖配製，除了是些配合個人體質的普通藥材以外，添加的全是大補的聖品如：人參、鹿茸、虎骨、犀角、芎藭、當歸、枸杞、酥炙等珍品，煎熬成膏，日服兩回，對於體質衰弱的人，確有相當好的藥效。

而熊熊爐火上，整天有不斷的滾開水，也有不斷的甜湯燉煨，那也是孝敬給老人家吃的湯羹，如棗子蓮子湯、桂圓木耳湯、杏仁百合湯等等，一屋充滿了暖洋洋、香噴噴的氣息，一片慈和、一片安詳……。

從雪與火的歲月中收回遐思，眼前依舊是綠樹參天的小山頭，那兩位思鄉的老人，依舊在綠林子裡閑聊家鄉事。

「今兒個是小雪了啊！」勾引起的一片回憶，也驚鴻一瞥，瞬息遁逸。回憶，常常像隻古老的聚寶盆，每當揭開，總會超越時空，找回湮沒的舊事，然後又可慢慢收放，等待下回，再作掏尋。

就像今天，就在細碎的，飄落著葉雨的相思樹林，重溫了一遍思鄉的舊夢。

72·12·28新生報

那年端午

民國二十六年初冬，我們搭乘京滬線最後一班難民車，抵達南京，又渡江到浦鎮，住在一間主人已離去的空屋，等待親友遷往山區避難。

那位空屋主人，屋內箱籠衣物，全都已經帶走，書房的殘片碎紙堆中，還留有一本破舊的「古文觀止」，和一本民族節日起源的書，以及屈原的「懷沙賦」。

那年高小尚未畢業，「古文觀止」既沒白話註釋，又沒字義詳解，對我來說，實嫌深奧難懂，而古老字體的「懷沙賦」：「懲違改忿兮，抑心自強……，知死不可讓兮，願勿愛兮……」更是似懂非懂，不得要領。

還好，那本泛黃缺頁的「民族節日起源」卻全是白話文，從我國的農曆節氣，到日蝕月蝕的天象觀察，以及從農曆年開始，一年之中的各種大小節日，有極詳細的說明和考據。

於是，臨走前珍惜的收藏在衣箱，在山裏細心的閱讀，從節日起源的書中，知道端節又叫天中、端午、重午、重五、蒲節等名稱，這天是紀念愛國詩人屈原，他是戰國時代楚國傑出的政治家，竭力主張抵抗強權，整飭社會風氣。當時楚國與侵略者姑息妥協，貪污腐化，屈原不肯和他們同流合污，而被放逐流浪，五月五日投汨羅江自盡。

端午吃粽也是爲了紀念屈原，大家把竹筒裝米穀投到水中，但鄉人夢見他，知道投下的竹筒全被蛟龍搶去，所以又把稷葉包起來，纏上綵繩投給他，成爲吃粽子習俗。

幾本殘缺不全的書，成爲避難在山中，唯一的精神食糧，每當默唸屈原的「懷沙賦」，在咀嚼揣摩中，不求甚解的悟通了一點粗略概念：這位三閭大夫，是在教訓他的三姓子弟說，今後要抑制憤怒，力圖自強，要忍受困苦，堅定不移，若是到了不免於死的時候，也要抱定犧牲決心，不可苟且偷生……。

這一篇勉勵後世子弟的辭賦，多麼悲壯感人，我似乎看到一位長袍散髮，神色憔悴的古人，徘徊在汨羅江邊，仰天長嘆，投河自沉。

日子在度日如年的消沉中，已到農曆的五月初，包粽子的盛景，在山裏是個可望不可即的奢望。山中出產棉花，葉柄掌狀的大片棉花田，此刻枝枝簇簇，葉浪起伏。由於群山峙立，地高土瘠，無法重植稻麥，糧食都靠外界供應，自從成爲眞空地帶，糧運中斷，山鎮米店所存無幾，所以米珠薪桂，吃頓飯已屬不易，燒次米飯烤張鍋巴，更是成爲難得享受的美食。

已到五月初三，山村人家依然披星戴月，忙碌他們的棉田和雜糧地，似乎早把端陽這個節日忘得一乾二淨。可是到了端陽前夕，村人忽然放下農具，佩起木棍土槍，齊集在茅屋前，一聲哨吶，朝向山脊狩獵而去。

夕陽西下，壯漢歸來，各人的手裏，都提著滿滿的獵物，有雉雞、野鴿、毒蛇、山蛙，還有果子狸……。主婦們忙著舉火燒水，準備操刀拔毛，並在屋外點起柴枝，搭起爐灶，準備烤薰燉煮，烹調野味了。

那一晚，柴火熊熊，靜夜中跳動著火星嗶喇，空氣中充滿了肉香。那一夜，酣睡沉沉，榴花燃亮了夢境，龍舟泛入了睡鄉。

翌晨，租賃的屋主捧來一大碗熱騰騰的燉雉雞，嘴裏說，今年鬼子造反，沒有糯米粽吃，這碗野雉湯是很補的東西，當作過節的菜吃吧……。

我們在感動之餘，接下裝盛在黑陶粗碗裏的雉雞，三月不知肉味，這碗鮮美的雉肉成了罕世佳肴，吃得好不過癮。

那年端陽，沒有雄黃酒，沒有粽，更沒有掛蒲艾佩香囊，祇有敦厚好心的屋主端來的一碗雉雞，溫暖了我們的心。

一整年裏，沒有課本，沒有書包，更沒有筆墨紙硯，就憑幾頁殘篇斷簡，欷歔著三閭大夫悲壯的忠魂。

那個環境，沒有車聲，沒有市囂，更沒有街道巷弄，祇有雲彩山黛，祇有農莊茅屋，朝夕相處了一個初夏又一個初夏。

斯時五月，沒有陽光，沒有夜霧，祇有瘴氣濃濁，祇有蛇蟲出沒，是個又驚又怕的濕季毒月。

唉，那段流落異鄉的日子，眞是感懷傷痛，遠離了世界，疏離了人群，失去了生命的意義，度著多麼落寞黯淡的少年歲月阿！

那年，父親決定帶我們離開家鄉，遷往另一個縣份。

那時，正是榴花耀眼，將窗扉內粉牆鍍上紅光的五月。也是後園桑林，著上層層疊疊桑葚的初夏時分。

眞捨不得那棵紅花盛放，結實纍纍的石榴樹。再過一陣，花落果結，便會咧開一個個大嘴，露出滿腹石榴子。而不久，枝椏間的桑葚，也會被南風搧成殷紅，這是一年中最巴望的季節。

另外，端陽快到，姑姑用紅絲綠絲，金線銀線編結的玲瓏香囊，也是一年巴望的一件樂事。

還有，祖母包好的甜粽，盛放在三眼灶的大鍋一齊烹煮，香味飄得滿廳滿屋，更是一年巴望的大事。然而，父親爲著他的店務，不得不別離祖父母，和遠別家鄉，遷往那個陌生的城市。

遷徙甫畢，端節已到，客居地的生活習慣，與家鄉相去不遠，平時過的日子平靜如水，一到節氣，全家老少，打起全付精神，興奮熱烈的忙個不停。

五月剛到，便有鄉人菜販，挑來滿筐青綠的箬葉，沿門挨戶，叫賣而來。這些挑販十分清楚，住在這個大院內共有幾戶人家，這家要幾斤，那家要幾個，還有，住在石獅子把守的大院牆那家又要多少，年年都是賣熟了的老主顧。到了初一，按時送到，準確不誤。

於是，洗滌粽葉的主婦們，便開始忙碌了。有的集中在自家井邊，有的紛紛走向門前河邊，井欄提桶撞擊，響起一片刷葉之聲，河流水紋波動，隨著粽葉湧起一灘水花，碧空覆蓋著忙碌的人們，濃烈的端節氣氛，充盈了滿個角落。

粽葉洗淨，大家忙著包粽了。客地粽與老家相似，有豆沙蚕豆瓣、鮮肉火腿，以及沾糖的白粽。所不同的，家鄉包的是扁扁圓圓，攔腰縛繩的四角粽，客地則是飽飽滿滿，上下紮繩的三角粽，種類包得又繁又多，糯米塡得又實又滿，剩下吃不完，一串串掛在廊前風涼處，與老家屋簷掛著串串粽子一樣，吃得又久又長。

煮粽的一天，熱氣沸騰，香聞十里。一股好似新割的禾稻香，又似竹子的新葉香，瀰漫在整座屋，整條巷，整條街。撲鼻的香味，又似回到滿廳滿屋，溢滿粽子芬芳的老屋了。

端節那天，家家大門掛上菖蒲和鍾馗圖。在家鄉就聽祖母說，五月是夏天將臨前，蟲豸蛇蠍，都要出來，燒艾葉、山丹這些草藥可以驅蟲，小孩掛香袋，用雄黃酒在手心腳心，額上頸上塗抹，也是爲了驅毒，你們身上掛的香囊，也是裏面裝了藥物可以避毒……。

而祖母此刻呢？卻在一座清冷的大宅內，老人家今年有沒有包粽子，吃不完一串串掛在簷下風乾？姑姑們編結的七彩香囊，現在將要送給誰？菖蒲艾草是否仍在每個角落煙霧迷漫？

一年年，端午來了又過，過了又來，遠方的老家，音訊逐漸疏遠，其間，二叔途經江蘇，曾來探望一次，提及祖父母年事已高，大房的嬸婆照顧著他們的風燭殘年，姑姑全已嫁到外埠，蠶事早停頓，桑園已荒蕪。如今各房星散，人去樓空，祇剩一幢空空洞洞的老屋，一顆老老邁邁的石榴樹。

二叔說，石榴樹雖老，倒還仍舊花開花落，結果纍纍，鄉下親眷有時來採些回去，任憑它自生自成，孕育成熟……。

一樹火紅的榴花，一樹垂掛的果實，寂寞無涯的祖父母，孤零零的古老祖宅，一直在我心中翻湧、騰昇，他是我紮根的地方，有我馳念的人和物，何年何月，我們再能歸去？

七七蘆溝橋事變發生，抗戰開始，炮火將我們推移得離老家愈來愈遠，動亂將我們之間的音訊愈隔愈渺，故鄉已成夢中的樂土，模糊的遠景了。

而殘酷的戰事，也使我們成了那兒也回不去，流落在異鄉的漂泊者。

等到抗戰勝利，再得老家信息，驟聞祖父母已仙逝，老屋荒廢，桑園變成廢墟，老石榴也已枯死……。殘酷的事實，攪亂了我心田，我不相信那是事實，一直當它是個不實的幻影。

多少年過去了，老家那一切，依舊與生命的成長同起同落，在心靈的深處生根紮根。無論如何，永遠忘不掉紅光浮動的榴樹，幽森古老的祖宅，水流蕩漾的河道，角黍飄香的五月！

似水長流

「搬來中和市幾年啦？」有天，新搬來的鄰居問我。

「十一年了。」

「十一年前，這兒是什麼模樣？」

呵，那時候，到處還是稻田菜園、池塘竹林，乘公車要走上好一段路，菜場空空蕩蕩，住屋稀稀疏疏，完全是鄉野風光……。

聽到這些，鄰居似信似疑。也難怪，在這高樓疊積，交通雍塞，到市場買菜常擠成動彈不得，公車站長龍不斷，一個新搬來的人，對於過去歲月中的事物，怎不迷惑而感陌生？

「那麼，這座小山總沒改變，與十一年前一樣吧。」有天，我們又在山徑遇見，他再度好奇的探問。

不然！初搬來時，要經過前面好幾間農舍，才能到小山的廟堂，農家養了一群鵝，一條狗，清晨走過，總有鵝來啄，狗來咬。冷清的廟堂，神案上香客們許願的長明燈還祇是零零星星，那有現在這樣滿滿鑲嵌了一座座蓮花燈臺？銅爐裡也祇是寥落的香煙，那有現在這麼盛的香火！小山上全是野草沒脛，腐葉舖地，後來人多了，才踏出一條條山徑，闢出一層層臺階，成了現在唯一可走的綠地。而那幾間農舍雖然還在，但經常門扉緊閉，都上工廠做工或改行做生意了。

「十多年的變遷眞大，眞有點不可思議呀！」

可不是嗎，一年年，廟裡的暮鼓晨鐘，敲昇了多少個日升月落，敲走了多少春去秋來。那時我家老么才唸國中一年，現在大學早畢業，長子才從軍校畢業，現在孩子也有兩個了。而十年之間，地方建設也日新又新，原先的馬路早拓成四線大道，早先的平屋已改建成大樓，荒蕪的空地開起百貨公司，橋樑拓成大橋還覺不勝負荷……。

我們在山道聊著，對山學堂自修的鐘聲鐺鐺響起，他要回家料理孩子們上學，我仍坐在搭架的樹椅凝眸冥想，緬懷往事，思緒如同潮湧。

十一年前，也與芳鄰一樣，要匆匆趕回料理孩子，而此刻，孩子長成，落得清閑逍遙，十餘歲月，數數有四千多個日子，把它倒退十年，回顧那時候的日子，甚至再倒退廿年，想想那時候的生活，其間的變遷，眞若雲霞千變，江河奔騰！

頭一個十年，剛從大陸來臺時，隨部隊住在海濱小鎭——梧棲，小鎭的後街居民，整天坐在門前，用小刀把纍纍成塊蜂窩般的硬殼中剖出蚵肉，儘管家鄉是江南的魚米之鄉，但是，對於這些軟體動物除覺新奇，卻不敢一嚐，倒是常常和經過門前，以蛤蜊蚌殼來換取我們衣物的村女交換蛤蜊，作爲鮮美的佐餐。

濱海的漁鎭簡靜安寧，我們初到時，五月的驕陽艷紅似火，拱廊的騎樓下，有赤足的賣冰孩童，老舊的瓦簷下，有安閑的打盹老人，搖曳的花傘充滿了顏色。街角的小廟充滿了佛香。

抵達部隊防駐的營地，遠眺碧海浩瀚，白浪眩眼，陣陣海風，滿含輕快涼意。安住停當，常到海邊傾聽波濤的抑揚頓挫，當它平靜時，波聲像抒情的吟唱，當它怒吼時，濤聲像狼虎嗥叫，浪峰湧得像小山般高。

風季裡，沙塵瀰漫，強風猛刮，營區裡的戰友們，全都戴起口罩和遮風鏡，行走時仍敵不過勁風吹刮，跌跌蹌蹌像群醉漢。而不刮風的星期一，常參加部隊裡的擴大紀念週，週會在那柔軟的沙灘舉行，海上微波閃爍出萬縷銀花，一望無際的沙洲白亮眩眼，當全體齊聲唱起國歌，昂望青天白日滿地紅的國旗冉冉上升，每個人的心胸都像綠波萬頃般神采飛揚。

淳樸的海濱漁鄉，除了魚蚌，買不到牛肉，也買不到豆乾豆芽，甚至缺少雞蛋，鮮有時新蔬菜。狹窄的後街有家戲院，是唯一上演電影的場所，除此就是農曆七月十五夜，醮壇前演唱布袋戲和掌中戲酬神，家家宰豬殺雞，處處香燭熊熊，鞭炮繁響不絕於耳，平靜的海鎮，才眞正掀起狂歡的熱潮。

廿餘年後再到梧棲，這個海濱小鎮已成中部的通衢大邑，舊街拓成寬街，田野築成新社區，小學校擴建起巍巍校舍，昔日舊貌無跡可尋，尤其是海邊，往日的白色沙灘不見，防風林不見，舊木屋也不見，換來了遙長寬闊的通港大道，延伸入海的卸貨碼頭，大量挖泥塡築的新生地，和巨人般雙臂伸向浩瀚海洋的防波堤……。

那一刹，心裡眞有壓抑不住的驚喜，多少年前一望無際使人迷惘的大海，正有幾艘貨輪乘風破浪緩緩而來。多少年前曾在沙洲捕捉海蟹的漁港，成了氣象萬千的國際商港。而許多年前，門前經過的是提著藍亮的翠條魚和蛤蜊和我們交換舊衣物的村女，此刻已成舟車輻輳，泊滿裝運木材和小麥的忙碌碼頭，這些變遷，是過去連做夢也想不到的事呵！

猶記頭十年初期，第一個孩子才祇四個月，正需添補營養，然而漁鎭街上甚少雞蛋，更無其他嬰兒食物好補充，直到半年後搬到臺中，才看得到店面較大的糕餅舖、冰果店、水果攤、書店、金舖、五金店和大馬路和後街上的兩家電影院。

菜場有牛肉攤，也有芹菜、大白菜、蕃茄等時鮮菜。第二個孩子出生，餵的仍是母奶，但已有奶糕奶粉可補充，住的是「榻榻米」日式房屋，玄關臺階上的一小間當成吃飯間，臥房內的兩層壁櫥當成上下舖，後廊成了孩子的遊樂間，院子裡種下番茄和玉蜀黍，又養了一群雞和鴨，雞生蛋，蛋孵雞的繁衍下，一片小天地，充滿田園樂。

那時候，愛國獎券發行了，行政院國軍退除役官兵輔導會設立了，臺灣社會日趨安寧。當影院上映「太陽浴血記」，第二個孩子才出生半個月，迫不及待的坐了三輪車去觀賞。而有次，看罷「珍妮的畫像」，在僻靜的雙十路踏月歸來，凄惻動人的故事，在按摩人的笛聲中湧動，如水的月華下，唧唧如泣的虫鳴在野地漾起，踽行在詩畫般的世界，陶醉在一個最美的時辰中。

日瞬月飛，第二個十年那些年，不論中部南部和北部，過去的泥田和曠野，全矗立起一棟棟樓房，早年的黃毛丫頭已亭亭玉立，淌鼻涕的小伙子也學成立業了，臺灣寶島的政治、經濟、文教及社會各項建設，全都有顯著的進步，人民安和樂利，生活水準日漸提高，這時候，第一座作為和平用途的核子爐建造，曾文水庫建立，石門水庫也完工了。

四十八年夏，帶著五個孩子到臺中玩，遍找不著公園後面小徑盡頭的舊時老屋。眼前煥然一新的連幢高樓，替代了過去一排排毗鄰的平屋。寬闊的通衢大道急馳的車陣，替代了成行成列鳳凰木圍繞的馬路。春筍般拔地的商業大樓，替代往日低矮的雜貨鋪和水果店。

記得這些年，每當向孫兒們說起，從前屋後菜園有蝴蝶舞踊，遠近的稻田有綠浪起伏，竹林裡有雀鳥爭鳴，池塘裡有魚兒跳躍，他們睜大眼睛，聽得出神，好像聽古而無法深信，而站立在臺中市區尋找舊屋時的那一剎，也好像孩子們聽古的心境，幾幾乎不能信以為眞，倒像是魔術巨人在變戲法。

是的，歲月輾轉不息，時代前進不已，文明日新月異，社會瞬息萬變。三十二年前，連豆芽菜都買不到，三十多年後，用「荷爾蒙」助長的胖豆芽，都有人懷疑致癌而怕吃了。從前嬰兒以米湯奶糕輔助營養，現在嬰兒食品種類繁多，嬰兒用品更是琳琅滿目。從前小孩玩布娃娃，和鐵皮做的小狗小馬，現在孩子玩的全是電腦遙控的汽車飛機。以前燒的是煤油爐和煤球，現在用的是天然瓦斯和微波速烹器。

從前聽五燈收音機已屬奢侈，現在看七彩電視早屬平常。從前用搖頭風扇，現在開自動控制的冷氣機。從前一部摩托車是年輕人夢寐以求的寵物，現在大家要買寬敞舒適的轎車跑車了。以前坐火車到南部要十多個小時，現在坐空中巴士四十分鐘便到達。從前吃碗牛肉麵或油豆腐粉絲已覺滋味無窮，現在到餐館品味珍餚佳饌也難以滿足口腹之慾了……。

洶湧的歲月也帶來生命的茁壯與老化，形成上下兩代的延續與變遷；上一代人身受戰火的紛亂，風雨的洗禮，這一代人身受陽光的照耀，綠蔭的覆蓋。我們那一代孑然一身，白手興家，現在這一代餘澤庇蔭，滿盈豐足。過去我們勤快操勞，現在的孩子貪閑懶動，而當年坐海宿輪來臺時那悲愴的胸臆，年輕一輩是無法體驗的。初來時爲了一隻雞蛋跑遍小鎮的情景，現在的孩子也難以想像，從前臺中市滿街鳳凰木的燦麗，新生一代難以揣度，而三十多年前軍眷生活清苦的況味，孩子們也難以領會。

正因爲過去的經驗，年輕一代沒有遭遇過，而新工業和新風尚的急速變遷，或多或少，形成兩代間概念上的分歧，這是時代進步呢，還是歲月無情呢？

而不管你如何追懷緬想，歲月的長流依舊滔滔前衝，再過去三十多年，第三代也會由黃金少年步入老成中年，那時候，蓬萊仙島的臺灣，又將在突飛猛進中形成怎樣一番嶄新面貌呢？

生命，是華美又蒼涼、溫馨又短暫的個體，其間有顛峰，有逸失、有絢燦、有黯淡，唯有邁開腳步，追風逐電，日日新、又日新的跟上匆忙的世紀，才不致辜負了這似水長流的有生之日。

75·3·15台灣新生報

長袍的遐思

今年新春雨水連綿，氣溫濕冷，大部份人足不出戶，躲在家裏養息納福。

初二女兒回門，帶來一歲多的小外孫，穿件小棉袍，青色綢面，印著福字，斜襟布紐，袍長及踝。見人抱拳拱手，牙牙學語說聲：「恭喜發財」！眞是有趣極了。

這身打扮，想起六七十年前，小孩大人，穿的全是長袍，慢步時泰然自若，下擺飄動，疾走時龍行虎步，袍角生風。

長袍襯裏材料，多採用絲棉棉花、羊毛駝絨，寒冬裏面加件衛生衫絨線衣，老年人再加一件對襟馬掛，再冷的天氣也夠禦寒的了。何況，雙手還可攏入袖管或揷在兩邊衣袋，因此，棉袍是最普遍和保暖的衣服。

歲暮冬殘祭祖時，長袍是大典中最儒雅的服飾。當一家之主率領全家大小，向祖先行祭拜禮。那一刻，案桌紅燭高燒，香煙繚繞；供桌豬頭三牲，果蔬糕點，至少也得十五六樣，而滿堂桌幃椅披全是紅色，那一份喜氣洋洋，唯有長袍飄逸的人物，才顯得更加隆重，格外和諧。

而新年裏小孩子玩花炮放爆竹，落雪時堆雪人打雪仗，擲得臉蛋紅冬冬，紅得如供檯上一對大歲燭，廳堂裏一堆熊熊爐火。也唯有兒童身上五顏六色，花花綠綠的新棉袍，才顯得更加熱鬧，格外歡樂。

如在熱天，男子穿一身輕薄舒適的麻織夏布，或紡綢長衫，才顯得格外瀟洒，像個紳士。女子穿一件柔軟輕勻的香雲紗，或麻紗旗袍，才顯得分外嫵媚，像個淑女。

猶記多少年前，家鄉老屋旁側，有座三友實業社的高樓，夏季將頂端闢爲屋頂花園，我們在院裏乘涼，常見樓頭燈燭閃爍，音樂悠揚，茶香瀰漫，仕女如雲。倚欄小立的對對情侶軟語呢喃，璀璨星月映射著他們身上的軟綢旗袍，顯得格外清麗，飄飄欲仙。

年少時，學校有位英文老師，總是長衫一襲，繫縛一條白色絲巾。當他把課本放在講壇，向每個同學臉上掃視一眼後，一個急轉身，便在黑板沙沙疾書，袍角和肩背後圍巾的長長流蘇，隨著握粉筆的手勢飄揚擺動。洒脫的風儀，柔和的身影，使得每個同學聚精凝神，接受教益，傾聽他所教的每個生字，並在幻想著：這正是我所崇拜的偶像，當我長大以後我所喜歡的男子……。

在「金大班最後一夜」中，飾年輕時代的姚煒，一襲旗袍，兩鬢飾花，眼波流轉，柔情萬種，風姿美艷極了。而那位多情的大學生，一襲長衫，風度翩翩，渾樸清新，含蓄自然，模樣飄逸極了。連那「滿場飛」舞曲中燕語鶯歌的衆多女子，也因爲穿著的旗袍秀麗而覺得耐味可看了。

長衫馬掛，棉襖旗袍的量裁是門學問。身長、掛肩，出手、袖管，背寬、胸寬，上腰、中腰，都應按照身材大小而量尺寸，否則，差以毫釐，謬以千里，尤其是前襟部份，稍有差錯，既不貼身，再也無法修改。

幼時在家鄉，臘月未到，裁縫師傅便請到家，爲一家大小量身做新衣。裁縫早出晚歸，供兩餐膳食。每天廳堂一角，吊燈晃亮，桌板上面堆滿綾羅綢緞和毛皮棉絨，布帛聲聲裁，針線密密縫，首先啓開了年的序幕。

等到案板上的棉袍絨袍，皮袍襯袍漸積漸高，忙年的氣氛也漸見漸濃，小孩子扳指頭盼新年的日子，也越來越近了。

從逸思遐想中重回現實，穿長袍的小外孫，在小凳上安坐不動，袍角垂地，袖管觸襟，正在津津有味吮吸著一根雞腿的鮮美汁液；正如我靜靜回溯著一襲襲旗袍長袍的豐美樣態……。

回味無窮，溫馨似蜜。

77．3．15中副

茶與咖啡

多少年前在意大利旅行時，看見馬路行道上，到處是林立的咖啡座，有次我們去造訪羅密歐與朱麗葉的故居，在不能通車的石磚路徒步前往，在幽靜古老的老街拐角，居宅門前通道上，竟也擺滿了四人坐位，玲瓏圓桌的咖啡座。意大利人對於喝咖啡，認爲是生活中的必需品。座客有老有少，有男有女，當我們經過他們身邊，個個含笑揚手，向我們點頭打招呼，嘴裡嘰哩咕嚕說了一大串意大利話，我們一句也聽不懂，但那一張張笑臉，充分表現了他們是個熱情的國度，愛攀談的民族。

他們嗜食咖啡，眞是到了無所不有，無所不缺的地步，露天咖啡座是名副其實的喝咖啡，其他又如經營煙酒糖果的店舖，也有出售咖啡，超級市場更有個圓形櫃台的咖啡店。有天我們玩得人困馬乏，在一家超級市場門口停下，從盥洗室出來，就去喝咖啡，三百里拉一杯的咖啡，杯子眞是迷你，是隻口小底淺的小磁杯，端上時還衹是大半杯，心想這一點咖啡，連潤喉作用都沒有，別說是以它解渴了。這時候櫃台內的伙計，又把瓶裡的奶水給我們加上，才把小杯塡滿。不喝則已，品飲之下，那香純馥郁如瓊漿玉液的濃汁，醇美極了，精神爲之一振，疲累竟也減輕不少。

難怪意大利到處是咖啡座和咖啡舖，而且總是高朋滿座，據說他們每天要喝好幾回，朋友見面，客人造訪請喝咖啡，寂寞的人無處可去，來杯咖啡，一坐可以消磨一天半天。

意大利人懂得悠閒，很會調劑生活，由於他們的嗜飲，不由想起中國的國飲——茶，從唐朝起盛極一時的飲茶，直到現在，專家們還推荐國人應該多吃茶葉，茶葉含有豐富的丹寧酸，對身體十分有益。

這種有益的飲料，何不也像意大利的咖啡座一樣推廣起來，多多設立，作爲清談消閒，提神醒腦的生活必需品，來替代那些燈光黯淡，不見光線的咖啡店，或是嘈雜喧鬧，大口牛飲的啤酒屋？

尤其是在觀光遊覽地，名勝古蹟處，開設一些茶座茶屋，品飲一壺好茶，實在比汽水冷飲，沙士可樂等勝上好幾倍，再何況，飲茶的益處也遠勝咖啡、啤酒和冷飲，茶葉有養神、解渴、清火、明目甚至防癌的功效和好處；因此，飲茶這一生活藝術，倒是值得推廣的一件事。

希望也有那麼一天，我們的茶屋與意大利的咖啡座一樣普遍，成爲寶島特殊的風光之一。

75·1·4中副

綠山的蛻變

「聽說這兒要開闢公園。」

「是的，這塊原是公園預定地，但不知什麼時候可以建立起來……。」

多年前，登上這座綠色小山的人，指指點點，總要聊上一陣：「這片濃密的相思林，和滿坡茸茸細草不用砍除，用它們點綴公園風景最好。現有的土階拓展成石階，周圍築迴廊欄杆，後山搭上茅亭一二，再與對面那座綠山相接相連，便是很廣很寬的理想公園。」

「再建個兒童遊樂場，做個人工小湖，築些玲瓏的板橋竹橋，舖花徑，種垂柳，眞有曲徑通幽處，湖光接山光的詩情畫境哩！」

聊著聊著，晨運的老人們，彷彿已經端坐在亭台樓榭，綠林含翠，藤花滿架，鮮花滿園的一座公園中了。

●

日子在人們的指縫間滑溜，期盼也在人們的奔忙中淡忘。

密密相思林，仍是老人和孩子們愛去的地方。養生攝身的老人，固然每晨風雨無阻，按時不誤去消磨晨光，孩童更喜歡去聽沸揚的蟬聲，帶些蕃薯、肉片、甜不辣，揀些乾枝挖個土坑，在那兒生火烤食，享受一個快樂的假日，和享受一份自然的野趣。

秋天裏，滿山的蘆芒，狼尾草和紫花野果，又是採擷的對象，他們拔來做鬍鬚、當馬尾、辦家家、集標本。等到芒花老去，山腳下一對白髮夫妻，又把大片的芒根砍下，打去花絮紮掃帚，把山徑舖成一個瑩白的雪地。

也有時，小山成爲山腳另一端軍營演習的天然場地，他們挖掩體物，遍插軍旗，假設目標，佈防陣地。於是，炮聲隆隆，彈雨陣陣，匍伏的身影，傳令的口號，把山頭造成一個逼眞的戰場。

然而，一年前有個清晨，爬山的人，忽然看到大片相思木已被連根截去，青綠的竹叢也被齊根砍除，橫七豎八的柯枝堆滿一山，翠綠的葉子貼滿地面，粗壯的樹身橫躺山徑，細長的青竹零亂得擋住了去路。

這是怎麼一回事，一天之間怎會變了模樣？

「是誰，是誰砍了這片樹林？」登山的老人們，爲這砍伐的樹林心痛，氣急敗壞大吼著。

「這兒要蓋國民小學了！」一位消息靈通的老太太在旁解釋。

「蓋學校倒也不錯。」另一位策杖老者欣然贊同。

●

小山不能再上了，晨間運動的人更換陣地，又拐過隔斷了兩座廟宇的另一頭山上，將音樂放起，跳土風舞和迪斯可，重做樹椅讓老人們閒坐歇腳，也將吊環和槓桿掛上，以及砍除荊棘闢出一塊塊運動場地，並且把自家院子的向陽花移植在泥隙，又掘出土階給人便於攀登。

站在這山聽那山，盈耳都是推土機和怪手操作的聲音，走在山腳望山頭，眼見它慢慢消瘦矮小。一串串樹莖糾纏著藤蔓，一把把根鬚糾結著黃土的運泥車，排起長龍往下開，而泥中多巨石，全在深挖的內層中揭開生命的秘密，圓滾晶白的巨石，由衆多工人推滾下山，排列待運。從一到十，十一到二十，用白漆劃出編號。

這許多掩藏在泥底，少說也有百多年的山中大石，在日以繼夜的挖掘和運送途中，風吹得緊，車開得猛，一路撞擊出轟隆，那份從容，那份悲壯，彷彿慷慨赴義的勇士，風蕭蕭兮易水寒，壯士一去兮不復返！

尖頂削平，建地朗闊，朝霞暮靄，佳景天然的綠山，如今換來樹影湮消，蝶鳥隱退，佇立觀望之餘，彷彿失落了什麼，又彷彿獲得了什麼，心頭引起無限惜別意。

新學校的校名公佈在案，新學期的招生通知在即，家長們紛紛到工地參觀新校的開工奠土，隆隆的機器操作，和錚錚的金石交擊，建材的卸落聲和工人嘈雜聲，大家欣然駐足，樂觀其成。

從初春施工到炎暑的動工期間，曾有一次驟雨造成水患，把周圍一幢幢住宅，乃至附近的衛星市郊，全都浸入了黃土雨水，大家把淹水的過失歸咎於沒有做好水土保養，讓土壤流失所致。祇是我想，這該是這座綠山對無數眷戀的人們，作最後一次的親近和賜予了！當地基打起，水泥灌起，道路舖起，校舍築起，那還有柔潤的泥土供人踢玩踐踏，那兒還有挖取不盡的沃土讓你揮霍耗損？

在今年暑假後的八月底，一幢美輪美奐的大樓巍然入目，拱形頂，月洞窗，聳立的雕花門廊，嶄新的教室長窗。大門兩旁鏤刻了兩行筆力圓潤的對聯，正門大樓頂端書寫著斗大的楷書校名，由下而上的台階，用八角形轉折而上，一排排教室，全都光亮寬敞。底層是中低年級上課，樓上則是高年級教室。雖然，後進的教室仍在不斷築建，遊樂設施也還未完成，而且連操場也還沒舖好，然而，一座學校的雄姿早成規模。

開學第一天，一批批由東而西，由遠而近的小學生，戴著黃帽，穿上新制服，背著書包，全都朝向新學校蜂湧而來，當他們浩浩蕩蕩，潮水般湧上八角形迴旋台階，密密麻麻的小身影，把那八角迴梯圈成了一朵旋轉的花，而搖曳的小黃帽，又是花序和花冠，綴成一朵濃澄色的重瓣金盞花。

「多麼壯觀的場面，多麼可觀的小學生……」護送學齡兒童到校的年輕媽媽們，站在路旁，昂望那八角形台階，湧動如潮如濤的小學生，禁不住興奮得情緒激動。

接著，糾察隊排立路旁，護路隊也豎起小旗，指揮來往車輛，讓同學們可以安全通過馬路，而值班的老師們，更是照管得無微不至。

一座綠色小山，換成一座欣榮學校，前前後後，就在老居民們在小山頭指指點點，計畫這兒造亭，設計那兒築欄的數年間，前後情景迥然不同，這是多麼奇妙的變化，簡直可以說是在變魔術；人，真是個神奇的創造者！

●

又過幾月，依谷地起伏的校區路面，全部舖上光潔的柏油路，也築好了擋土堤和護欄，於是，堤欄石階，一彎坡路和頂端陽台，又成為踏露人常去的地方。當東方剛透出一抹魚肚白，西垂的月色還照得清暉澄澈，朦朧的人影，已經浮雕般壁立在那兒，趕路採瓣的生意人將他們看作風景，而他們自己卻也在朦朧中看另一番景緻。

低頭望，廟堂裡兩座祈福燈，像高聳的兩隻大竹筍，裹著層層相疊的外殼，而滿堂燦如繁星的燈火，照得蓮座上的觀世音金光爍亮。

再仰頭望，對面那座綠山，老樹濃蔭，纍纍成團，像一顆顆青綠的花椰菜，堆滿在藍色曉林的籮筐裡。

是的，站在校區高崗上的人，低頭仰首間，處處都是詩情畫境，而無論一拳一腳或一呼一吸間，幾乎看得見天地的擴展張合：一抹新的朝霞透出來，一個新的日子走近來。

公園的夢想雖幻滅，旬實的學校卻誕生，對於老一輩以及家在鄰近的居民們，失之東隅，收之桑榆。

黌宇送書香，朝露滴清響，晨步伴曉月，新景情如舊！

73·10·28中副

美麗的星期天

「下個禮拜天在我家聚餐」！這是每趟分手時，早早訂下的邀約。

那段時期，我們三家都有五個孩子，年齡相近，大小相仿，離得不遠，分別住在板橋、永和及北市安東街，於是便開始了每週一次的相約，共渡一個美麗星期天。

他們三個人，在抗戰期間同時離開家鄉，從慘綠少年到投筆從戎，一起參予過武漢保衛戰、湘西大會戰，經歷過長沙大轟炸、重慶大轟炸，都屬驚浪裂岸中，捲起千堆雪的大時代人物！

勝利後，民國三十七年在南京，三人之中兩人已成家，巧的是同住城北黃埔路，同年冬天，第一個孩子出生在中央醫院。來台後，東調西調，巧的又都在北台灣落地生根，從戰場上的好袍澤，到一輩子的好朋友。

聚會日，三家十五個孩子，常把兩房一廳的眷舍塞爆，笑談聲浪達戶外。客人臨到前，主人家的孩子，早把心愛的漫畫書，寶貝的積木拼圖拿出來獻寶。那年代，升學壓力正起始，惡補競爭已盛行，上小學的孩子，一邊玩，一邊還惦記著惱人的課業，悄悄地問：「你們的老師兇不兇、會不會打人？」「功課做完沒、課文背熟嗎？」

幼小的無憂愁，鬧哄哄在院子裡躲貓貓、跳房子，更小的坐在推車裡吸奶嘴，跟著哥姊的喧鬧瞇花眼笑。

老友碰在一起，談的都是國事、社會事，太太們見面，談的卻是孩子衣食事、瑣碎家務事。

那時我的烹飪手藝雖平平，客來總是特別花心思，分外用心燒。那一天，外子到和平東路黃牛肉店買來幾斤牛肉，正在煤球爐上文火燜燒，百頁用鹼水泡軟，要做百頁包肉。而菠菜白菜已洗好，準備做開洋白菜和清炒紅根菠菜。

熱騰騰的飯菜準時上了桌，六個大人圍坐一桌，孩子坐矮板凳上吃，老友不忘給掌廚的打氣加分：菠菜炒得漂亮，紅嘴綠鸚鵡；牛肉濃稠特別香，開洋白菜眞鮮美，百頁包肉是純正的江浙口味……。最後連一鍋紅白蘿蔔大骨湯也舀得見了底，人多飯菜香，這話一點也不錯。

那年代，家家節儉度日，平時素多葷少，唯有聚餐日，難得地打一次牙祭。

收拾停當，來到客廳坐下，聆聽男士們舊事重提：那一年，營隊駐紮在土氣瘴病多的雲南山城，好多人感染瘧疾，那燒得全身滾燙，冷得齒牙格格寒顫的打擺子，每天發作一次，奎寧又短缺，眞是痛苦萬分。

每當行軍途中，走得人困馬乏，但祇要唱起軍歌，精神又振作。聽聽那軍歌：「抗戰抗到底，擁護我中央，熱血青年一起來，扛起槍來上戰場……」。

又談起戰地的靈異事：那次換防，摸黑走夜路，冷不防一連孤軍擦身過，怎地沒步聲、沒人氣?而擋不住的寒氣逼人，四顧野茫茫、冷凄凄，是一支陰兵陰將……。

又一回，收復一個前陣子遭日寇燒殺搶掠的一個莊子，荒草萋萋中，有堆人影在草浪飛揚狂放跑跳翻滾，而草不動，聲不響，一轉眼，已經消隱無蹤，不留一絲痕跡……。

至於深夜裡明明聽見竊竊私語，查看沒半個人影；破屋裡坐著幾個身影，沒輪廓，像薄紗裡的一團霧……而坍牆邊鬼影幢幢，靜夜裡叩叩來敲門……突現的影與聲，祇能解釋爲：陰陽之間，原是一線之隔！

「烽火歲月長，亂世冤魂多！」太太們聽完，也是感觸地如此作結論。

多少年過去了，歲月悠悠，江水東流！在一個深夜裡，外子接完一通電話，匆匆穿衣下樓，問他半夜到那兒去?他說張走了，我去幫忙料理……。

又幾年，他自己獲知癌末，大限將至，回老家探了親，爲祖墓修了墳，又替老屋砌了房，歸來再到歐洲玩了趟，又往加拿大看完女兒，回家已經食不能嚥，腸胃道嚴重阻塞，住進了安寧病房，最後灑脫的與天空浮雲同遊去了。

最後一個空軍張，那一陣見他印堂發黑、眼神無光，身體一直瘦下去，動了兩次心臟手術。那天與兒媳去探望，床已空，人走了，一籃水果成了送別的祭品。

三家孩子，各已創業成家，或住美東、美西和加拿大，再要見面，聚攏不易，而玄孫也紛紛出世，大家升格當了曾祖母、曾外祖母，個個也入了暮年，垂垂老邁。一個住養老院，一個赴美依親，一個獨居，回首前塵，不勝依依。

美麗的星期天，那一段溫馨歲月，已成遙遠的記憶，甜蜜的人生插曲了。

96·12·16青副

節氣

中國的農曆，一年之中含有二十四個節氣，平均每個月兩個節氣，那是古人積累了多年的生活經驗，體會出許多原則性的規則，排出二十四個節氣，人們的工作和生活，才有了一個可以遵循的道路。

一年的第一個月（正月）有立春、雨水兩個節氣。

「立春」是表示春回大地，萬象更新，從這天開始，風變得暖和了，河裡的冰就要解凍了，草木鳥蟲全開始活躍和發芽生葉了。

古時候，皇帝要在這天率領文武大臣和地方官吏，祭拜春神和農神，祭典中用鞭子打一打事先用土製成的牛背，表示春耕即將開始，這是中國人最寶貴的優良傳統。一年之計在於春，又當爲來年的收穫而耕耘了。

「雨水」這一節氣，通常都在正月中旬，這個時候，積雪的峰巒，溶解的水從山上溶化下來，湖泊河流的水都漲得滿滿的，濕氣濃重，雨水也變得多起來，因此，這個時候總是雨水連綿。

「春雨貴似油」，春耕時的雨水，對於田地的滋潤有極大的幫助，珍貴如油，不但使田地享受了豐足的水份，農人的精神上，也得到了無限的安慰與滿足。

二月有驚蟄和春分兩個節氣。

「驚蟄」期間，春雷乍響，把地底下各種小動物驚醒，也使地面上的花草樹木和昆蟲滋生繁殖。這時候，桃花李花快開了，鳥兒魚兒活躍了，蜜蜂蝴蝶從蛹中蛻化，白鷺在天空飛翔，柳條兒掛上隱隱的綠球。大地萬物，一切都在躍動。

「春分」是在「驚蟄」的半個月後，「春分」的意思是指從這一天計算，正好是春天過完一半，白天晚上一樣長。晝夜平均，又是怎樣計算出來的呢？

原來，古時計算時間，一年分三百六十天，一天分十二時，一百刻就是一天。那時候，是用掛著的一把漏壺，水一滴一滴落在盤子上，就在這一天，白天五十刻，晚上五十刻，因此，說明白天晚上完全一樣長，因此就把這天稱爲「春分」。

三月裡有兩個節氣，一個叫清明，一個叫穀雨。

「清明」在三月初，這時期，天地萬物一片清明，宇宙萬物一片清朗，千條萬條的柔柳舒齊，紅花綠葉的桃李盛放，小燕子從南方趕回，蜂蝶一起出籠，地面上全是紅、黃、白的花，花香薰得令人欲醉，陽光暖得渾身輕快，自古以來，這是到郊外踏青賞春的佳日。

我國從漢代開始，就在這一天掃墓祭祖了。掃墓的祭品是用黃花麥果糕作供，糕的形狀不是糕餅的模樣，而是做成小顆小顆指頭般大，或是細條如小指，以五、六個作一堆。果糕又叫繭果，這個名稱，大概是因爲這時候正是養蚕季節，而蚕上山時也用這種麥果來設祭，所以才稱之爲繭果。

除了黃花麥果糕以外，還有麥飯，雞鴨魚肉、香燭、紙錠錫箔等。到了墳地，把祭菜和碗筷擺好，點燭上香，恭行拜祭，表示對祖先的追念和崇敬，然後焚燒紙箔。

江浙兩省的人家，如有新娶媳婦，第一個清明，新婦必須穿著大禮服——就是披風、紅裙，頭上戴滿飾物，墳地也必須舖上紅氈，點上安思香，再行禮叩頭，儀式十分隆重。

三月中旬的節氣是「穀雨」。穀雨含有雨水充沛，農作物飽足的意思，這時候，農人已在田裡插滿了秧，秧苗正在水份充足的泥土中欣欣向榮。

每年第四個月，有立夏和小滿。

「立夏」的時候，田地播種的稻麥都已成長，菜畦的果瓜也已成熟，蔬菜更是長得油綠挺拔，農作物似乎都爲著它們自身的任務完成而全都帶著笑意。而田蛙也開始鳴叫，示意夏天就要來到。

古代時候，立夏這天，也和立春一天相同，皇帝要率領文武大臣到郊外迎夏。文武百官，全都穿上紅色禮服，乘坐紅色馬車，連車上旗幟也是紅顏色，象徵夏季是火辣辣熱烘烘的季節。

「小滿」節氣的意思是：耕作物在這時候已經長得八分飽滿，稻子雖還結著纍纍嫩穗，但也快見盈滿；麥子雖還頂著成串花實，卻也將要成熟了。

這個節氣，是大地作物日夜膨脹的成熟期，也是樹梢的桃杏結滿了豆粒般果子的盈育期。

農曆五月，又有芒種和夏至這兩個節氣。

「芒種」是指在這時期，穀實上都有芒刺出現，也就叫做稻芒、麥芒。而纍纍稻穗和麥穗，也因漸漸豐滿而低壓莖梗，這是個預報農耕榮盛繁榮的季節。

「夏至」是芒種後的第二個節氣，表示夏天已至，這時，螻蛄鳴叫了，青蛙鳴唱了，芒果青了，荔枝紅了，氣溫雖不高，也是有點兒風，但卻水氣迷漫低空，太陽也變得昏朦，濕氣蒸騰四散，陰雨綿綿的黃梅雨開始，使人十分難耐。

夏至日，古人的漏壺，白天滴六十五刻，夜裡漏三十五刻，因此證明日長夜短，從這天開始，白晝變長，夜晚縮短了。

農曆六月，有小暑和大暑節氣。

六月的氣候，說燠熱不算燠熱，說不熱也有些炎熱，所以，這個節氣就叫做「小暑」。在大陸河北和湖北等地區，每逢六月初一，就要過「半年」，比照正月新年一般，準備食品，當作過年。這天還要「吃新」，「吃新」是慶祝新谷成熟，在這天摘取早熟的谷穗一枝，回家祭祈祖先，祝禱農田豐收，事事圓滿。

六月六日家家有「晒黴」的習慣，因爲，五月天的黃梅雨，衣物全都受了潮濕而生了黴點，到了這時，氣候乾爽，熏風和暢，衣服被褥，搬在太陽下曝晒，可以除黴除蟲，裝箱收藏。

六月六日還有晒水給孩子洗澡的習俗，在這天，把清水放在盆中加以曝晒，等到晒燙，就給孩子洗澡，這樣，孩子就不會生疿子和皮膚病。

六月第二個節氣叫「大暑」。

小暑是氣候炎熱，卻還未達到極點，而大暑呢，就是最熱的大伏天了。夏季六月有三伏，所謂三伏，就是頭伏、中伏、末伏。伏天的算法是以夏至做根據，由此算起，到了第三「庚」開始的十天是頭伏，第四庚開始的十天為中伏，第五庚開始的十天為末伏，到大暑節氣時，日光熾烈，驕陽似火，古人對身體的健康特別珍攝，到了大暑節氣，全都深居簡出，躲在家裡休息了。

在伏天，每家都準備一些清涼解毒的飲料，如金銀花露、菊花茶、綠豆湯、涼茶、冬瓜茶、小孩吃摻了清涼去火中藥的雪片糕和雲片糕，又由於夏季出汗多，胃口差，於是，就把生薑放在太陽下晒乾，就當作茶葉般泡來吃，能夠開胃增加食慾。

過完末伏，「立秋」就到。「立秋」顧名思義，說明炎熱的夏季結束，雖然還有一陣秋老虎好熱，但是，秋季畢竟來到了人間。

這時候，絮雲徜徉藍空，那麼高遠澄澈，悠閒自在，風兒輕響葉尖，那麼清涼飄逸，催開了籬邊的雛菊。接著，白露初零，鴻雁南飛，再過些時，霜降木落，一片蕭索的深秋景象出現。

「立秋」日，皇帝又要領著大臣們，到郊野去迎秋，並由將軍選拔士兵開始操練，整軍經武，捍衛國家。

立秋是收穫季節，爲了慶祝五穀豐登，天子要祭宗廟，然後嚐新，爲豐收年的熱鬧慶祝一番。

白露和秋分，是轉入秋季之後的另兩個節氣。

「白露」通常在農曆八月初，到了這時序，陰氣漸漸濃重，而凝聚成一團團白白的水滴就是白露。如果白露前後有霧的話，晚稻就會容易結實而有好收成，所以有「白露白迷迷，秋分稻秀齊」的俗語。

露水，是由於地面水蒸氣，附在花草樹葉上，氣候寒冷凝結成的水粒，形狀顆顆如珠子，所以稱爲露珠，晨間收聚露水作爲飲料，就是「甘露」，喝了可以長壽。而早晨用露水滴在眼內，可以明目，有治療眼疾的功效。

八月的第二個節氣「秋分」，是表示秋天正好過了一半，地面的花木植物和農作物，春分時候是從蟄伏中醒來，重露生機無限。而秋分呢，則是開始慢慢凋萎，重待來年的到臨。

農村地區的居民，都以秋分日是否下雨，來預測農作物的收成，有句諺語說：「秋分天氣白雲多，到處歡歌好晚禾，最怕此時雷電閃，冬來未道是如何？」

農曆九月的兩個節氣，一是寒露，一是霜降。

「寒露」也是顧名思義，是寒冷使水蒸氣凝成露水的意思。這個時候，天地蕭殺，氣候寒冷，草黃葉落，化爲泥塵。抬頭一望，到處都是禿樹枯枝，一片片萎黃的敗葉，在風中發出蕭蕭細語，寒氣從風中透發出來，冷得肌膚感到顫顫發抖。

而「霜降」呢，天氣一冷，露水就開始凝成霜花降落，所以稱之爲「霜降」。

在這天，農民一定要看是否降霜而預測一年的收成，大家都相信，如果霜降日能夠看到霜，就表示來年農事豐收，假使看不見降霜呢，那就表示將有水旱飢荒，因此也有句諺語說：「霜降見霜，米谷滿倉，未霜見霜，糶米人作霸王」。

農曆十月，又有立冬和小雪。

「立冬」的「立」是開始的意思，「冬」是終了的意思，在立冬時，秋天的收穫季已經過去，各種收成都已進倉，把耕作的用具都收拾起來，開始在家休養納福的時候了。

這節氣，水已結冰，地已結凍，一切的昆蟲和野生動物都要藏伏，開始漫長的冬眠了。

「立春」「立夏」「立秋」這三個節氣，皇帝都有迎節大典，因此，在這一年最後的一個「立冬」，也有迎冬大典。這天，皇帝沐浴齋戒，然後率領文武百官，去主持迎冬典禮。迎冬典禮結束，朝廷就發放殉職的官吏，和爲國捐軀的兵卒家屬賞賜和撫恤，而各地邊疆上，也要開始準備：「固封疆，準邊境，完要塞，謹關梁，塞徯徑」等的防禦工作。

「小雪」節氣時，天地已經積雪，寒未深而雪還不太大，所以叫做「小雪」，時間約在立冬後的十五天。

「松在寒中勁，梅在雪中開」，這時，大地一片蕭條，祇有青青的松樹和扁柏，依舊綠幽幽的挺立在朔風，也祇有不畏寒的臘梅，朶朶串串，燦然開放在雪地上，成爲整個冬季裡唯一的美景點綴。

十一月有大雪，冬至兩個節氣。

「大雪」在「小雪」的十多天以後，通常，國曆是在十一月七日或八日之間。大陸性氣候的地區，這個冬月，溫度已降至零度以下，天寒地凍，滴水成冰，而大雪紛飛，把大地打扮得粉妝玉琢，冰凍的河流和冰封的山谷，發出白燦燦的光彩。

大雪過後的半個月，就是「冬至」。

冬至這天，白天很短，夜晚很長，這也是古時用漏刻計算出來的，一晝漏四十刻，夜漏六十刻，而確定是夜長晝短。

冬至有吃圓子的習俗，是取「團圓」之意。古時醫學不發達，在嚴冬而漫長的冬季，許多身體很差，沒有抵抗力的老年人，往往很難抵禦透肌砭骨的寒冬氣候，尤其到了冬至，很難熬過這個關口，因此，到了這一晚，大家吃冬至圓子，表示一家人平平安安，團團圓圓的又過了一年。

一年之中最後一個月，有小寒、大寒這兩個節氣。

大陸北方，有句俗諺說：「大寒小寒冷成一團」。這兩個節氣的前後到來，是一年之中氣候最冷的時候，而一般大陸性氣候的地區，也總是在這兩個節氣之間，出現最低氣溫的紀錄。

古人有首「大寒賦」，就是指這兩個節氣的嚴寒景象：

「天地凜烈，庶極氣否。嚴霜夜結，悲風晝起。飛雪山積，蕭條萬里。百川咽而不流兮，冰凍合於四海；扶木憔顇於暘谷，若華零落於濛汜。」

前面所說的二十四個節氣，是古人從曆法上仔細推算出來，他的準確性十分可靠，據說，這二十四個節氣是神農氏所訂，使以農立國的人民，依據這許多節氣而春耕、夏耘、秋收、冬藏。

第三輯　隨風而逝

人未老·花已凋

這些天院裏橘樹枝上，天天停著一對白頭翁，母的啣著果粒，公的陪伴在側，悽悽惶惶叫著，呼喚一隻落在小院的幼雛。

牆外不斷的車聲輪聲，路過的人聲步聲，常使母鳥分心分神，一有動靜，連忙躲避，沒多久再飛回，依舊叼著果粒，一待四下無人，慢慢落下，將嘴裏圓果，擠進幼鳥扁黃的小嘴，兩隻成鳥總是各踞一方，靜察周邊動靜，一見貓兒翻上牆，或其他鳥兒來盤旋，立刻發出驚叫，不斷拍翅猛地飛起，嚇得貓兒鳥兒都得閃避。

入晚，白頭翁守在樹梢，發出咕嚕咕嚕的叫聲，示意有母陪伴，黎明醒來，又發出滴瀝滴瀝啼叫，似在慶幸深夜已過，雛兒無恙。

那份朝夕守護，辛勤哺雛的慈幼之情，一如人間母親，呵護相守，展現綿延無盡的疼惜至情。

三年之前，吾女不幸罹癌，同年六月在醫院作了結腸切割，六月六日是她斷腸日，也是我牽腸掛肚，千斤重石壓心時。

一回回，陪著去化療，望向那瓶藥液滴滴注入血管，我暗忖那一瓶瓶化學藥液，不正也一步步侵蝕她身、囓食她心。

幾週後，她的頭髮大把大把地掉，青青鬢髮漸近消失，每當看到她已見禿頂的後腦勺，常令我心痛地流下淚來。而噁心、便秘肚瀉、血球下降、體氣日衰等副作用接踵而來，使得她不吃不喝，滴水不沾，祇是無力的睡著睡著。

爲了化療期間免受細菌感染，將她心愛的狗兒鳥兒全都送了人、放了生，她知道後，沒多問，也沒流淚，失去健康，她什麼都沒有了，都不在乎了。

我那溫順善良的女兒，既要面對癌的夢魘，又要承擔化療的痛苦，雙重煎熬，不堪負荷。在那出院又住院的日子裡，常常眺望窗外巨人般聳立的新光大樓，無語問蒼天。晚間，凝視車尾燈閃爍的條條馬路，等待家人來陪伴。

那時候，我就像此刻這隻頭白身灰的老鳥，停在枝頭，目不交睫守著落難的雛兒，惶惶無助一籌莫展。

一年已過，化療、口服療對她都發生不了作用，於是停止一切化療，朝向自然療法和生機療法，以精力湯、蔬菜湯、馬鈴薯汁、胡蘿蔔汁、酵母素等改變飲食，兼看中醫，遍訪專家尋求抗癌處方，並修練合氣道、大愛功以濡養氣血，也到過佛堂及治療中心，請專人按摩、大師推拿，凡此種種，一一試過。

在這自療的一年多，吾女病情時好時壞，心情也跟著她時鬆時緊，在她能吃能喝，不酸不痛的日子，就像看到清澈夜空，當頭月好，見她病痛來纏，又覺烏雲遮蔽，心沉谷底。

那時候，還住台北小城社區，每天晚飯吃過，常常手攜手，到籃球場去觀星賞月，聽蟬鳴蟲叫，聊聊她與同窗同事間的逍遙時光，談談幼時開在小院的春花燦爛，往事盈盈不絕，心靈絲絲共鳴。

離台北小城住到市區，雖然，搬家的忙碌，妳已無力親身參與，但妳精神極好，安排兩個孩子的就學，還買了輛腳踏車，穿街走巷去認識環境，菜市賣場去購物，見妳重又燃起生命的火花。

在新家，有時散步到公園，我在座椅暫歇，妳在樹蔭下做香功，常常邀了哥姐們一同去吃午餐，談談笑笑，見妳吃得不少，心中充滿了歡喜和感恩。

然而幸福時日總不久長，在這期間，仍到醫院作血液檢驗，發現癌指數不斷竄高，電腦斷層掃描結果，腫瘤又在擴散，不久，什麼症候都出現，任何毛病都來了，血壓突然升高，肚腿開始浮腫，咳嗽氣喘同來，夜晚尤其劇烈的痛，於是要用嗎啡紓緩痛楚，需靠氧氣筒幫助呼吸，總是受罪到天亮，有晚暈眩昏倒，翌晨呼救護車送妳入院。

聽著氣喘噓噓，喉嚨瘖啞，冷氣開足仍會汗水涔涔，嗎啡量加仍然陣陣作痛，而腹部腫脹如身懷六甲，不得不抽取腹水，呼吸如滿水的唧筒，不得不更換氧氣面罩。

看妳這般痛苦，憂心如焚，親愛的女兒，爲什麼要承受如此的大苦大難，如此的折磨折騰？

住院第四天，喘更甚、氣更急，受苦神態，心痛不禁，唯有在心裡祈求，祈禱上蒼再賜力量，平安渡過生死難關。

祇是，身經百戰，與死神搏鬥的愛女，仍然不敵病魔的糾纏，一直昏昏地睡著，不言不語，祇有喉管間的黏液一聲重一聲，慢慢的妳的頭垂下，睫半閉，呼吸由急促轉為抽搐，終至平息，心臟停止了搏動，但見妳全身仍然溫熱祥和，比常人更為舒泰。

那瞬息，摧心折骨，淚水如雨瀑傾瀉，吾愛的女兒，後天就是妳生日，猶記呱呱墜地出世時，護士抱來給我看，妳玫瑰色粉頰，綻著如花似玉的笑靨，吐豔綻放，多麼燦爛！而此刻，平靜臉龐依舊有著天使般光輝，祇是，卻已離枝謝世，飄到一個不知名的地方去了。

人未老，花已凋，呵，吾女，在妳離世百日的今天，媽媽永遠永遠祝福再祝福，在那另一塊土地上，但願無年無月，千年如一日，沒生死也沒憂傷，遍地錦繡，花不凋，安詳和平人長久……

93・8・18青副

晚杜鵑

吾女冰冰，妳走了已整整一年，整年中，我也忙了一些事情，包括賣去老屋，另覓新居。三個月內要交屋的覓屋期間，既看不中市區老公寓，也負擔不起昂貴的電梯華廈，於是，與兩個哥哥，一次次朝向安康路遊走，那支高高聳立的焚化爐煙囪，總會引領我們來到曾經陪妳去看診，去化療，心緒千迴百轉的這條長路，尋尋覓覓。

買下這層地價合理，景觀很好的山腰上的家，每當下樓走走，眺望那一列列暗紅屋頂的「台北小城」，那曾經是妳的家，而貼近的「黎明清境」，山道相通的登山口，以及遠眺台北城廂的高地……這些地方，都是我們以前開車尋訪過、俯視過、談笑過的地方，如今睹物思人，往事歷歷在目，旁邊獨缺妳的身影。

那些年，爸與姊相繼離去，好不容易，歲月撫平傷痛，惦記沉埋心底，假裝當他還在不知所在處遠遊未歸，妳姊也仍然安住在溫哥華那棟屋子，祇是沒空提筆，疏通音訊。誰知噩運緊跟，一刻不肯放過，妳竟也罹患了不治之症，晴天霹靂，情何以堪！

手術後，陪妳到醫院去回診，去化療，一趟一趟往往返返，路途長又長。去時見妳精神甚好，我在車裡找些話語，排遣一路寂寞，回時總見妳病懨懨，猶如大病一場，我知道，化療總是難挨的折磨，最難受的煎熬。

常常，爲了加強藥效，還得背個二十四小時的化療包繼續滴，那藥包，半夜要拍打，時刻要調適，看妳小心翼翼，專注地照顧掛在胸前的機器直到天明。次日，一等藥劑所剩無幾，趕緊要我電話雇車，前往醫院拔針。

在塞車等候中，在車輪滾動裡，望著妳包紮的頭巾，清秀又疲憊的臉龐，茫然又迷惑的眼神，我的心好疼、好痛，好怕、好無助，母女連心密不可分，我卻竟然無法分擔半點妳的痛苦，妳的不幸。

搬來此地，已達一月，也是妳離世一週年。去年妳在病房，除了冷氣還須電扇輔助，妳喘噓噓、淚茫茫的無語告別；今年，梅雨季的豪大雨橫掃山谷，天也感傷，淚如注！

新居所面對一座青山，它是雪山支脈，山的那一邊就是烏來，樹木茂密，鳥聲不絕，可以欣賞晨昏朝夕，雲霧繚繞的萬千變化。

晴朗天裡，山色如拭，似乎可以伸手碰觸，陰霾天氣或水氣低壓時，山嵐裊繞，變化極多，初見東邊湧來一團白煙，幾疑那兒著了火，冒了濃煙呢，這團濃霧，很快掩蓋一切，山在虛無飄渺間。慢慢地聚攏、散開的輕挪移動中，成條成串地，將山隔成一段段、一峰峰，最後游向更遠處，山又重新恢復原先面目。

搬來正是山花百放的四月天，也是乍暖還寒的夏天來到時，可以坐看半嵐半霧的雲霧之美，欣賞桐花、相思的夏花之姿。且看，山的那邊升起白花花的一堆，山腳這頭又冒出黃絨絨一片，陽光照耀，油桐雪白如緞，相思橙黃似金。

剛來正值農曆三月十五前，傍晚月亮緩緩浮出，夜半移過山前照在床畔，有夜夢中醒轉，皓月正掛中天，恰好懸在眼眸，那月色，那清光，竟分辨不出是幻是眞。

五月的第二個星期天，哥姐、妯娌及內外孫都到家裡來聚餐，兩棵白蘭花，兩盆九重葛，兩株茉莉和繡球花，還有不少波斯菊，這些都是文友爲我搬家合送，兒子知道我喜愛而買來的母親節禮物，那天，二姐送紅包，大哥親下廚，二哥負責添購滷味燒烤，滿屋洋溢溫馨鬧熱，比在館子有意義。

那天，大嫂陪我在社區溫泉泡湯，那六個湯池都有不同的溫度標示，泳池、三溫暖、烤箱外，還有戶外照射區，坐在湯裡泡泡碳酸泉，躺在長椅照照紫外線，瞇眼看看山巒迤邐，不禁想起有回妳約了二姐與我，興致勃勃在烏來洗溫泉，一樣的山色，一樣的水霧……只恨時光不能倒移，重回昔日生之歡愉！

前些天，屋主來家取她的信，聊了片刻她問我：晚上有沒有夜鶯吵妳？對啦，那尖細清脆、婉轉嘹亮的，原來就是夜鶯。牠的鳴囀都在夜半二、三點，凌晨便悄聲匿跡，不再發聲。

女兒，這兒鳥聲很多，咕嚕咕嚕的野鴿子，鳴如絲弦的綠繡眼，吱喳爭鳴的麻雀，嘀咕、嘀咕咕的竹雞，預知天雨的布穀鳥，喀喀啼唱的藍鵲，還有克莉兒、克莉兒鳴叫的白頭翁……

拂曉時分，都會下樓去走走，遠眺一〇一大樓，常在雲裡霧裡，見頂不見樓，而彩影婆娑的摩天輪，也總隱約在雲深不知處，這類建築，妳在時都還沒有造成。唯有四周環拱的路燈，千盞萬盞，仍然閃爍在天色未明中，這時候，我又念起燈火闌珊處，有妳舊時的家。

暮春初夏的油桐花、相思花，還有野地裡的牽牛花、太陽花，前者易綻易落，一夜風雨，花落如雪；後者朝開暮謝，生滅無常。但是，團團簇簇，豔紅一片的晚杜鵑，此刻正開得熾烈，放得燦然，在車道、坡道，在山徑、綠野，在社區各庭園及樹蔭下，處處可見芳蹤。

一天天，一週週過去，花兒依然老神在在，紋風不動，兀自綻放在那兒。

女兒，晚杜鵑開得緩慢，放得久長，正如我對妳的思念，細水長流，悠遠恆久，永遠長存於我心。

94·6·12青副

宿鳥歸飛急

認識琦君是在民國五十八年間，那次是金門古寧頭大捷二十週年前夕，金防部邀請劉其偉、宋宇、吳東權、張放、琦君、華嚴、季季、劉慕沙、心岱等人赴金訪問而初識琦君。

我是先認識她表妹，因爲琦君的表妹夫杜蘅之教授與外子熟識，談起來，才知寫得一手好散文的琦君就是她表姐，因著這層關係，我們親切交談，她的熱情眞誠，予人以一種敦厚優雅的感覺，是一位典型的江南才女。

其後，她贈予我很多舊著新作，如《煙愁》、《紅紗燈》、《三更有夢書當枕》、《桂花雨》、《細雨燈花落》、《留予他年說夢痕》及當時新出的《詞人之舟》等。

不多久，初次造訪琦君家，踏進門，一塵不染的居室，擺設雅致，收納著滿櫥櫃各種各樣的小東小西，秋陽潑灑的陽台，擺放著花不溜丟的盆栽盆花，古書、詩書、現代書，溢散古典與書卷氣。

身爲女性，生活中離不開家務，她說當調理日常飲食時，總把鍋鏟瓢勺當成音樂，魚蛋蔬果看成圖畫，飲食烹飪與文學藝術同屬生活一部份，煙塵中仍有文藝之美。

民國六十七年間的某一天，她的愛貓走失，一天一夜沒回家，她著急得很，她來電話，希望我幫她寫篇專文尋找。那些年，我在大華晚報甜蜜家庭版寫《燈下漫談》，於是寄了一篇〈失貓記〉，刊出後，滿快的，隔天就有一位好心人士抱回了貓咪，失而復得，高興得不得了。誰都知道，琦君是個菩薩心腸的人，平時連螞蟻都不忍踩踏，老鼠洞都會放些食物，對小動物特別有情誼。

後來琦君搬入大廈後，她又收留了一窩別人棄養的小貓，貓咪逐漸長大，卻無處可養，原本養在樓梯間，每天餵食的一窩貓，遭到大樓管理員嚴重抗議，就要將牠們棄擲街頭，如遭不測，無疑是間接殺生，她心理如何不著急？她東問西找，希望能有人收容牠們，只要有遮風蔽雨的地方安頓，每天餵食即可，只是大家的生活空間狹窄，各忙各的，那有時間照料小動物？知道後，我又寫了篇〈送貓〉方塊，過不久，貓兒竟然都有了好歸宿。

尋貓送貓，媒體發揮了作用，對我們的友誼，亦另有一番會心。只是我個性木訥寡言，交情一向淡如水，僅止於報社舉辦作者聯誼集會，或藝文活動見見面，一直到她赴美定居，參加了餞別餐會，一別二十年。

回國後，在重陽敬老聯誼活動中，見到了面，這次，她是坐著輪椅而來，年華似流水，人已近黃昏，我輩全都白了頭、皺了顏，往日風采不再，十足是個老人了。

記得早期她在一篇文章中曾感嘆：「湖山變色，足足竟已二十年，想想看，人生能有多少個二十年？」。

從初抵台灣，以金色年華到至今，已經過了三個二十年，人生不滿百，我已走上最後一段軌道，也是最嚴酷的生命考驗，誰也逃不過。

琦君回來後，一些久違的舊事，記憶的層次，已見混淆跳接，文友們的姓和名，也常問了又忘。只有那回在中央大學的「琦君及其同輩女作家學術研討會」時，對畢璞是例外，她說：「記得記得，妳是畢璞，嗶剝嗶剝……」，指頭並作出炭爐爆出火珠子的跳動。

她又說，興來每嘴饞，仍會親自下廚，作一盤愛吃的菜。暗忖她的手工菜，燒烤鯽魚、燻雞醬蹄等佳餚，定然已經不弄了。暮年的她，仍然喜歡追尋在鍋鏟聲音裡，菜蔬圖書裡，神思煙塵中的文藝之美呢！

我的孩子們還在國中念書時便崇拜琦君，說她文章親切溫馨，看了想到母親世代的童年故事，又說，敘述家鄉事，栩栩如生，就像在眼前。一點也不錯，琦君的文章纖細婉約，風格獨具，能貼近讀者心靈，受到直接的感動，無怪乎深受老、青、少，不分年齡層的青睞，擁有數大的讀者群。

她的文學作品，像一根越燃越亮的紅燭，發熱發光，散發金色光芒，又如一地晶瑩剔透的露珠，水銀瀉地，滋潤青碧草原。

如今，宿鳥歸飛急，斯人不可尋。默祝她天庭之路平安，人間之影長存！

95·7·27青副

不說再見

文友白烈，去年重陽節的文藝界敬老聯誼會尚在一起度過，沒幾天她回嘉義，因爲那兒有學校配給的宿舍和舊日的同事，自此一別，沒有再回到永和住所，僅隔半年，赫然驚見中國時報登載她心臟病猝發去世的訃文惡耗。

眞沒想到好端端一個人，沒聽聞過心臟不良的病史，也無身體欠適的預警，就這樣倏然離世，不說再見，說走就走了呢？

認識白烈是民國五十七年十一月，畢璞介紹到她嘉義家中做客，並有一次阿里山之遊，那個時期；白烈、我、畢璞和鍾麗珠等人都已在大華晚報「燈下漫談」寫專欄，因此，報章上的認識，比正式見面認識來得早。

民國六十五年間，吾兒接編青年戰士報「好家庭」版，兒子要我邀請文友撰寫「灶邊小語」方塊專欄，白烈就是我邀約的好友之一，她的健筆既快又多，刊出便把剪報寄給她。多年以後，她總不厭其煩的不忘感激，每次都說：「那幾年謝謝郁先生的邀稿，謝謝芯心姊寄我剪報」，白烈就是這樣一位重感情並且多禮數的朋友。

那回共遊阿里山，還有王明書、鮑曉暉以及白烈的丈夫劉君，當時白烈剛從教壇退休，專事寫作，撰寫專欄散文和小說，劉君從事新聞工作，風釆甚佳，談吐不俗，原本是一對文藝伴侶，只因一個外向喜結紅粉知己，一個率直剛強守正不阿，性格的兩極，不久走上離異之途，揮別婚姻噩夢。

她鍾愛的小兒子罹患了腎臟癌，不知進出多少次台大開刀房，悉心照顧多年，仍難逃喪子之痛，使她陰霾生活裡再一次陷入人生低潮。而孩子們的就學期，又不知耗損了多少心力，殘酷現實的經濟壓力下，使她心力交瘁，煮字療飢，克難渡日，其間，動用最後一筆賴以維生的退休金，給了女兒出國深造，幸好一男一女力爭上游，寒窗苦讀，全都當了知名大學的年輕教授。

她的小女兒，獲得教育博士後，曾由商務印書館出版了她的「旅美書簡」，十五封家書，篇篇孝感動人，充滿深深的孺慕之情，濃濃的感恩之心。

這時候，是白烈苦盡甘來，心情愉快的一段歲月。

她是慈母，也是好人，但一生命苦，長年透支的工作狂熱和精神耗損，右手臂有神經疾病而抖得十分利害，又因長期勞心，眼力使用過度，而斜視不正，但憑著她堅強意志，持續恆心用各種運動方法，推廣她自療自癒的親身體驗。

譬如說，她每天甩手兩千次，慢性病不藥而癒，譬如說，甩手時眼觀綠色，視覺變得清爽醒目，譬如說，晨間喝下自身中段尿液一小杯，可提昇免疫力治百病，譬如說，儘量伸展四肢配合拍手功，能增強肌肉收縮能力……

近年來，白烈爲論壇報撰寫評論，凡屬國家時事社會事，精闢見地有一針見血的透徹明察，對不公不義之事深惡痛絕正義討伐，上窮碧落下黃泉連篇累牘，一寫就是五、六年，每當報紙出刊，必影印給好友們，遇到聚會交誼，也常分送與會老友。

白烈爲人熱忱情義長，每次會後一同回家，四人同坐計程車，說好分攤，卻快步快手，早將車資塞給司機，誰都拗不過她，每回聚餐，話匣一開，侃侃而談，沒一個小時是結束不了的，口口聲聲大姊大姊，誰都受她尊敬。而謙虛禮多，對人不願有所虧欠，認爲那是理所當然的事。

如今這位率直可愛的朋友，塵緣已了，再也找不到她身影，不說一聲再見，不欲回歸煩囂塵世，這些都不是她一貫的作風、一貫的性格，眞是教人唏噓教人傷痛啊！

95·6·4青副

飛揚在風中的笑顏

民國四十一年間，住在中正路（忠孝東路）宜村眷舍，我住第一排，長長的籬笆，與隔壁的啤酒廠圍牆相連，右邊是三輪車場和石油公司加油站，北基線車輛日夜不絕，早晚有肩挑的小販吆喝叫賣。

每晨，總見幾個熟悉身影，先生軍服，妻穿洋裝，牽著兩個可愛兒女去上班，順便將幼小兒女送入三軍托兒所。

那時，一直不知道這對年輕夫婦的姓與名，直到民國五十四年，第一屆國軍文藝大會召開，與多年前同住宜村的這對年輕夫婦相遇，她的先生便是蕭白，她叫胡宗智，過去一直在鳳梨公司上班，後來住在和平東路一眷舍。

兩天一夜的國軍文藝大會，主旨是推動國軍新文藝運動，文藝工作者努力耕耘。當晚住在木蘭村政工幹校的女生宿舍，由大隊長胡瑞珍接待。除了熟識胡宗智，還認識了王琰如、繁露、匡若霞、王明書、劉慕沙、陳克環等文友，和諸多軍中作家，那眞是一場隆重文藝大會，一次聯絡感情的文友交流。

那些年，我與宗智參與了不少次婦女寫作協會的活動。有一年，到一漁港去看海，有位文友，無意間替宗智攝了一幅照，看哪，她滿臉緋紅，多麼灑脫，長髮在風中飄揚，裙裾船帆般鼓盪，笑臉燦爛，雙肩張開作跳躍奔逐狀，這幅洗出後送她的風景照，一直縈繞我腦際。

我們常通電話，覺察她總有一絲淡淡的幽咽。她的口常乾，舌常燥，喝大量的水，多種的瓜果仍沒法止渴，無濟於事。她又會心悸心跳，晚上不能眠，淺睡惡夢多。又感這兒不適，那兒難受的無奈與困擾。

在那年份，還沒憂鬱症、躁鬱症等類的醫學名詞，但據她告訴我，藥袋中有兩種助鎮靜、抗焦慮的用藥。

那時候他們已經搬上景美仙跡岩半山，尋常日子足不出戶，宗智原本參加的文友合唱團，因爲路途遠也退出了，自練的打坐禪功，又因方法不當險些走火入魔，於是，空虛的心靈更空虛，躁熱依然。

蕭白溫文儒雅，對妻子體貼入微，總是替她下山上山、去買菜買物，營造出魚池、藤屋、花木繽紛的絕美環境，飼養貓狗小鳥等寵物解憂。一兒一女更是異常優秀，就讀政大、清大。

偶爾，約她看場首輪戲院的電影，有回，我把一張百元券遞進窗洞，她一手搶住，說道：「不要花大鈔，我有零錢」而搶先買了電影票。

有次帶我去吃金園的排骨麵，笑說這兒是女兒陪她來吃的館子，排骨炸得棒，小黃瓜脆得鮮。我們也在中華路的點心世界吃點心，西門町的鴨肉扁吃鴨肉，曾經度過不少溫馨時光。

那些年中，她時時牽念著蕭白的高血壓、嚴重的失眠症和視網膜炎症，十分重視蕭白第一本散文集《多色河畔》，以及民國五十七年獲得中山文藝獎的《山鳥集》曾送我兩本，當然，她自己的創作《月亮照在水田裡》也早送過我，那是一本短篇小說集，書袖珍，文迷你，一如她迷你體型，優雅文彩。

蕭白送的好些書，扉頁總是工整地寫上「郁光、芯心兄嫂教正」，簽名並蓋上印章。另一本《當時正年少》是自傳體裁的報導文章，更寫著：「這本書有若干處錯誤未及改妥」以示文章的眞實。

後來她的女兒，嫁給馬來西亞的僑生同窗，婚後去國；在美深造的兒子，也與鳳兮和李樂薇的愛女完婚，孫子出生，宗智常去探望孫輩，含飴弄孫，諸事順遂，是她最快樂的一段時期。

以後，又常陪蕭白回杭州老家探親，兩岸間來來往往，也有了紮實的歸屬感。

宗智文筆好，字也寫得好，可惜甚少動筆，熱衷起繪畫，正如蕭白，作品大爲減少，沉溺作畫及書法世界，進入另一種更美的藝術境界裡去了。

最後一次他倆回到杭州老家待得最久，住得最長，一年年過去了，我也不幸遭逢喪女之痛，兩度小中風，而住了兩回病院，又因轉換環境，搬到了新店達觀山上，於是，與宗智完全失了連繫，像斷線的風箏，隨風飄逝，不知所向了。

直至閱讀十月份《文訊》，得知宗智三年前已離世的訊息，驀然驚覺，故人已去，感傷惆悵不能自已，世事眞難料，這怎麼可能，宗智小我很多歲，在人生旅程中，怎會匆匆地走了呢？真如斷線的紙鷂，鷂離了線，線離了鷂，再也無法在穹蒼飛揚了。

祇是，我永遠記得那一張飛揚在風中的風景照，飛揚的髮、飛揚的裙，張開雙臂，展翅欲飛的那一個風中的笑顏……。

96．11月號文訊雜誌265期

第四輯　燕居隨筆

一院清香

院子裏養過的寵物很多，包括一對灰兔，一條土狗和洋狗，兩對鸚鵡鳥，一個波斯貓和一隻小烏龜。

那一對小灰兔，女兒買來時對我說，這種兔子不會長大，每天衹要餵食紅蘿蔔和蕃薯便可以。我對她說，兔子會吃會拉，照顧起來夠麻煩。女兒搶著解釋，不會不會，賣兔子的人說，牠們是很乾淨的！

天底下那有只吃不拉的小動物？於是，照顧的雜務，全都落在我這個做主婦的身上，每天，狗要放，貓要伺候，兔籠下的穢物一天要處理好幾次，小烏龜雖不用餵食，但是，翻泥翻土，隱藏得不見蹤影，一天常要找它好幾回。唯獨那兩對鸚鵡鳥，放些清水粟米，便鳴唱終日，安然無事。

不多久，灰兔長大，食量增多，穢物更增多，煩不勝煩之下，乾脆連籠子送給了人。波斯貓弄得屋內異味不止，有次讓牠在庭院活動片刻，卻翻牆走失了。一條土狗在門外給捉狗的捕去進補，那隻烏龜也捉到附近一個放生池去放了生，於是，院裏除了哈巴狗，衹剩兩籠鸚鵡鳥。

母鳥會生蛋，於是買了兩個草窩繫在籠內，但是牠們視若無睹，根本不生蛋，卻把乾草做的窩，變成了牠們啄舌磨牙的消遣物，結果，草鬆窩塌，連忙將一團亂草似的巢窩取出丟棄。

過了好一陣，又給它們換了新籠，裏面各準備了一個巢窩，那是木板釘成，上端有圓洞門出入，下面有活動門拉啓的木製巢窩。顯然的，牠們很喜愛新巢，不多久，母鳥穿進飛出，常常進去半響沒有動靜，有時匆匆出來啜些清水又回到巢內，爲了好奇，啓開木門一看，喲，一堆白色珍珠般的蛋，鋪放在一層鬆柔的羽毛上，母鳥鬆開羽毛，輕足輕翅伏在晶瑩如玉石的顆粒上孵蛋了，這一發現，驚喜無比。原來，以前的草窩無法容納牠們身長尾尖的鳥身，如今換了新巢，立刻下蛋孵育，這是多麼神奇的鳥性啊！

據說，鳥兒生蛋，有著微妙得令人無法解釋的習性，牠們可以把孵雛的蛋下到一定的數目爲止，如果把牠取出若干顆，也可以繼續添補多少個，遇到不喜愛的巢窩，卻能夠不生一個蛋。

母鳥對孵蛋的感情，一如孕婦對嬰兒的感情，以牠全部的精神，不吃不喝，不飛不動的細心照顧和孕育下一代的生命。身兼父職的公鳥，這時候也將親情發揮到極致，牠把呑嚥的粟米和青菜，送到母鳥口中，等到小兒女出殼，開始睜開眼睛需要哺食，又充當母職，辛苦的穿進穿出，把咬爛的粟米分別送到一張張仰望的小口，慈愛之情與人類毫無分別。

而最美妙神奇的一刻，是聽到巢內一陣陣微弱，尖細的嚶嚶嚦嚦，一片嬌啼雛鳥破殼而出的刹那，一團團圓滾滾的小生命往母鳥翅翼擠靠，生命的奧秘，便在這樣的誕生和滋蔓下延綿不絕了。

過兩天，雛鳥睜開明亮的小眼睛，慢慢的，身上長出點點羽毛，也能站起來了，不過活動天地仍在巢窩內，仍須仰賴母鳥的體溫逐漸成長。半個多月以後，小鳥腿力強勁，終於有天霍然立起，鼓翅跳飛，撲上那扇圓洞門，接觸暖熱的陽光，可愛的清風和外界的天地，那雙黑溜烏亮的小眼四處流盼，對這生命的托身之所，含著多少的好奇，多少的喜悅呵！

兩對鸚鵡繁殖出四隻藍鳥和五隻綠鳥，小鳥兒迅速成長，已能自己啄食和自行棲息的時候，免得牠們推擠偪促，把牠們分裝四個籠子自立獨立，而老鸚鵡自從小鳥遷出，竟又各自下了一窩蛋，又要準備孵育後代了。

朋友來玩，看見庭院鳥籠層疊，忍不住笑著說，鳥生蛋，蛋孵鳥，小鳥兒長大又是鳥生蛋，蛋孵鳥的，如此不斷繁殖，你家庭院可眞要熱鬧了。

可不是嗎，這一籠籠毛色柔如細緞的彩色新鳥，長得快與老鳥一般壯，一般大，一樣的豐姿，今後，這些神奇的生命的確還會繼續不斷的繁延，但最重要的，牠們的馴良溫柔，牠們的晨歌晚唱，能夠增加生活情趣，使人去憂解悶。

鳥兒不需太多照顧，不浪費太多食物，半撮粟米，一杓清水，幾瓣青蔬，一片魚骨已夠他們一天吃飽喝足；一方鳥舍，半截橫木，一個水盂，一個巢窩便是鳥兒的活動天地。而牠們清脆美妙的婉囀，阿娜曼妙的姿態，卻把庭院灌入一片清音，將生活園地摻進一片喜悅！

婦友月刊

春節憶往

常聽見有些人這樣的感嘆著：「現在對過年的興趣越來越淡了」！

但是，過了臘八，再過了冬節，看到菜市場外面的年貨攤子，像潮水般淹沒了人行道，許許多多賣鮮花的，賣香燭鞭炮的，賣春聯紅包的，賣年糕乾果的攤子生意興隆，五光十色的食品店，充斥著滿坑滿谷的年貨年禮，百貨公司吞吐著提了大包小包的洶湧人潮，儘管嘴裏說：過年的興趣淡了，但誰又能不爲這份年景心動心躍呢？

過農曆新年，是中國人一年一度的大節令，也是我們一脈相傳的民族傳統，在今天看來依舊有它的深長意義，和慈愛孝悌的種種啓迪。因此，在這春回大地，歲序更新的正月裏，談一些家鄉的古老習俗，再作一次無窮的回味。

除夕之夜，三更一過就是開春的好時辰了，這一刻，家家戶戶在歲燭高燒，燈綵滿堂的大廳裏先拜神明，然後燃放鞭炮，這時候，外面的炮仗繁響不絕，從後半夜一直燃放到天明，各家臺階外的紙屑，堆積得寸把厚。

放炮竹是取其迎祥接福，一年高升的吉利，而一年之計在於春，那個不想鴻圖大展，步步高升呢。

接著，小輩向長輩拜年，是放過開門炮之後的第一件事，先大後小，挨次向長輩叩頭跪拜，孩子們拿到壓歲錢，同時得到一句：「長命百歲」「平平安安」等的吉利話，這是最直接，最眞摯，表現出上一代長輩對小輩的慈愛祝福。

拜完年吃圓子湯，裏面有紅棗桂圓，象徵一家團圓，鴻運高照。

新年初一到初三的禁忌很多，大家信守不渝，奉行甚嚴。譬如說，這三天裏不能潑水，以免驚動了地神，不用針線刀剪，以酬謝它們一年的辛勞。也不能用掃帚，免得將財氣掃出門去，同時，晚上也不能點燈，要趁天黑前早早上床睡覺，這樣，夏天就不會招來蚊子，小孩更不能說不乾淨的粗話，否則，就要將草紙抹他的嘴巴。

這些禁忌，或許在現在聽起來覺得好笑，其實，在古時的農業社會，人們務農經商，終歲勞苦，根本無暇休閑，到了新年，大家儘情的玩樂吃喝，輕輕鬆鬆的消遣幾天，這是多麼富有人情味和愜意的動人節日！

而小孩不准說粗話，也是在於養成他們要有禮貌，守分寸的習慣，在這個歡樂的新年期間，孩子們看到人與人之間，是那麼樣的融洽祥和，那麼樣的慈愛孝悌，以及充滿著那麼多的祝頌和感恩之情，一個大同社會的縮影，就深印在小孩子的腦海，等到他長大後，一直將這許多古樸的傳統沿襲保留，一代代的傳留不絕了。

新年期間，大人小孩的娛樂各有千秋，由於天寒地凍，氣候嚴寒，大人總愛擁爐圍坐，或摸紙牌，或打麻將，或擲骰子，或推牌九。小孩子不怕冷，戴著新帽，穿著新袍新鞋，把家裏的鑼鼓鐃鈸取出來，引朋呼友，成群結隊的，到大街小巷去鬥年鼓。它是沒有曲調，沒有節奏的敲擊樂器，完全隨著自己的歡樂，感情的起伏而抑揚頓挫，帶來新年歡樂的高潮。

新年裏吃的零食，也是種類繁多，同時多半取諧音同音，像長生果（落花生），寸金糖（芝蔴糖），桂圓，紅棗、年糕、橘子，都有長生不老，招財進寶，接福迎祥，步步升高的好兆頭。

新春裏街頭的民俗表演很多，這是由年輕力壯的人組成的班底，包括玩獅子，滾銹球，調龍燈，跑旱船，踩高蹺以及蚌殼精等等，挨門挨戶遊行舞戲，表演時鑼鼓響聲不絕，鞭炮劈拍四起，一簇簇沖天炮滿天飛舞，一團團煙霧滿街迷漫，大家興奮若狂，歡聲不絕。

而城隍廟，關帝廟外面，更是百戲雜陳，應有盡有。賣糖山楂、糖葫蘆、掐小人兒、賣紙球、風箏、彈弓、陀螺的小攤，也在哄哄震耳，一片人潮中爭奇鬥艷，戲臺上有唱些什麼，沒有多少人關注，全被那五顏六色的玩具攤，吸引得流連忘返。

過去年景的所以絢爛多姿，歡樂無比，主要還是由於一份濃厚的年節氣氛，一份傳統的育樂效果所造成。譬如說，廳堂高燒的紅燭，結了一朵朵燈花；廊前懸掛的燈綵，發出閃閃的光亮；除夕供奉的祖先神容，全是那樣的和靄可親；案頭鮮艷的花香果品，帶來的喜氣洋洋；祀典祭供的豬頭，配合當時的肅穆無聲，以及滿堂紅色的桌幃椅披，家人虔誠的焚香叩頭……無不充滿著莊嚴而吉祥的特殊氣氛。

過去年代裏的這份年景，雖因時代不同而稍有遜色，但是，那包含著的民族傳統美德如：

重視倫理尊長慈幼、敦親睦鄰，敬神感恩等等的仁愛思想，卻是綿延不絕，歷久不衰的，長存在一代代中國人的心裏！

婦友月刊

透亮的生命

春光三月，重讀一本「吾志不移」。

「吾志不移」作者艾蘭．格拉斯，是二十世紀美國南方出現的第一位重要作家，書中報導拓荒時期，農村裡許多具有鋼鐵般意志的女人，信心十足，臨危不亂的度過她們的一生。

書中敘述一個小女孩，自小想像「窮」到底是什麼？有回，祖母將她的一件衣服送給了別人，她哭了起來，祖母責備說，應該樂意把東西與上帝的窮人分享。這才懂得，窮，就是沒足夠的東西吃，沒足夠的衣服穿。

十歲那年，她替人採草莓拿到的工錢積下了兩塊五毛，請父親在鎮上買個有眞頭髮的洋娃娃，事實上，父親沒錢添，祇買到個磁娃娃，那快要得到的幸福換來的失望，一下子全給黑暗淹沒。

失望之餘，也因此得到一個更有意義的寶貴結論，她決心要學習祖母時代孩子們能做很多有用的工作，包括了……會梳羊毛，會縫衣服，還會繡花……

她深心隱藏著另一個願望，要爬那一座穿越大河，連綿起伏的山谷，尤其是其中一座上帝嶺，她聽父親說過，那是一個印第安族戰士們拋石積成，作爲對大神獻禮的一座高峰。果然，十多年後她毅然決然，與初戀情人踏上上帝嶺古老的印第安小徑。秋山強烈的芬芳，楓葉濃烈的火紅，流過的溪水淙淙，使她快活得好似長了翅膀。

古樹排列如柱，樹蔭爲他們撐起房頂，這對情人，在那藍嶺之巔，度過了甜蜜的兩晝夜。回來時，她避過了祖母的盤詰，進入房間關上門，一切恐懼就從心中消失，她確信，任何人奪不去這份愛，祇要擁有它，任何事都不能影響你。關鍵是她的初戀情人，已是別個女人的丈夫，但那婚姻十分不幸，正因爲如此，她更堅守自己的信心，要奮鬥下去。

最後，終於從情海波瀾中峰迴路轉，與她的初戀情人結了婚，遲來的幸福，甜蜜的歲月，卻又敵不過不景氣年代中，日走下坡的現實，加以丈夫的病，一而再三踵接而來，祇是，她依舊無所畏懼，豁達地安慰悒鬱丈夫：「一切都會好起來，那時候，我們又會快活了……」

她的母親，同樣是個從家困生活熬過來的女性，她是見過榮華富貴的一位大地主女兒，然而卻愛上一個拓荒者的父親，臨危還清楚地說出最後一句話：「我一生很幸福……」。

還有那位堅韌如橡樹的老祖母，是個不論在那種年代任何險惡的環境下，都能從容自在的女性，給予全家人支撐的力量。

而那個拓荒者，人家叫他倔強老頭的父親，在他大限來到之前，雖已進入死亡狀態，卻憑一股意志，千里迢迢回到心心念念有上帝守護的老家安息。

書中人物各有性情，各有情致，傳遞生命中的意志力，如大樹般可支撐，巨岩般可依靠，要想實現種種希望，唯有用行動去獲求，想得到最終目的，唯有猛志精進去爭取。

婦友月刊

散心

天熱家務忙，常感心浮氣燥時，總是趁著週末假日，坐車到住在北投的女兒家去散散心，盤桓兩天。

唯有在女兒家，可以不動手，吃頓現成飯，可以一張口，呷杯龍井茶，心靜自然涼，不問人間事。

白天俯窗，迎面就是一座座青青山脈，正對面是陽明山和大屯山，右邊就是紗帽山和中正山，左邊則是觀音山和七星山，群山蒼碧，嶺如駝峰，好像手牽著手，肩並著肩的綿亙不絕。在晚間，對山的燈光熠熠生光，燦如寶石，耀煥的燈光勝過天上的月色，綿密的燈海多過燦爛的星空。

此刻，心中的塵俗煩惱，炎夏的燥熱難受，全在滿天的月色和滿山的繁燈前融化消失了。

日昨，再度帶著長女的兩個孩子，到女兒家去做客，大清早從家裏出發，步行到地獄谷去玩。這一個整天煙濛濛、霧茫茫的地方，像個飄渺悠忽的仙境世界。熱氣沸騰，圍繞窪地湲湲而流的泉水，看來十分清淺，其實卻有華氏一百多度的高熱，因此，去玩的遊客，全是帶著雞蛋和紅薯，這些食物都是從外面林立的攤販那兒買來，並且附帶一個塑膠盆，一雙長竹筷和奉送一小包鹽。於是，人們就邊玩邊賞風景，等待二十分鐘後，雞蛋煮熟，就可大快朵頤。

在地獄谷煮雞蛋，有份自做自嘗的樂趣，一到星期假日，岩石四周圍滿了一堆堆人，清淺的泉水中，放滿了一堆堆雞蛋，而滾燙的熱泉湲湲地流，有時將上游的蛋沖到下游，分不清究竟是誰的蛋，誰的紅薯了。

臆測這個廣圓如池的地獄谷，是在地殼下陷時形成的窪地，因爲地層有岩漿，所以才有滾燙的熱泉湧出，造成了撥也撥不開的一團團煙霧，撩不動的一團團朦朧了。大自然的奇妙，常在有意無意中盤成許多玄奧莫測的美妙景色。

玩過地獄谷回家途中，經過北投兒童樂園，又登上高高的石級，到那築在小山坡的兒童樂園玩。

幾次踏進那樂園，最愛坐在那棵樹身龐大，高入雲霄的白楊樹下，觀看飄舞的落葉，從枝頭悠悠下墜，在半空慢慢旋轉，然後落下，薄薄的在地面積著一層碎葉。微風時，一片兩片又輕又軟的葉片徐徐飛舞，風大時，一陣陣的葉雨簌簌吹落，於是，大樹下面便成了一個黃葉舞動，落英紛飛的熱鬧世界。

正在昂望樹頭新葉簇生，枝梢黃葉離枝的景象，外孫們都在遠處玩盪盪船的當兒，來了幾個很可愛的孩子，在下面玩鞦韆，想像他們是兄弟姐妹一家人，最小的妹妹約莫五、六歲大，眉清目秀，活潑可愛。大姐姐帶了一袋削好蒂的蓮霧，一把把分給弟妹們，那份手足之間相親相愛的畫面，看了為之心動。

忽然，那十四、五歲的大姐姐，手中拿了一把紅艷艷的果子，跑上石階到白楊樹下，笑吟吟的對我說：

「伯母，請你吃蓮霧！」

這突如其來的贈予，使我頗為躊躇，但那誠摯的笑容，使我接受了這份好意。或許他看我在樹下癡癡凝望，認為我孤寂無伴，也許見我形單影隻，以為被人遺忘在此，所以動了關懷之情，那是多麼可貴的赤子之心呵！

這個兒童樂園內，感人的事可眞多呢，不一會兒，又見幾個女孩，一個男子和一位老人，女孩們拿著竹帚到處清掃地面，那位男子和老人，就把掃攏的一堆堆腐葉和垃圾，裝入竹筐，頓刻之間，每處石階一塵不染，每叢樹蔭黃葉不見，每條通道泥絮不留。

原來，他們都是住在北投區的市民，也是祖父、父女一家人，時常趁著假日清晨，到這兒來勞動服務，藉以活動筋骨，整理環境，這又是多麼感動，多麼無私的一份高貴情操！

像這樣偷得浮生兩日閑的散心漫遊中，常使我賞盡山樹的純綠，看盡人性的至美，洗滌了瞳中的市塵，清醒了心中的凡念，而感到精神煥發，樂而忘憂！

母親節的懷念

在電視上一段生育與遺傳的報導節目裏，看到一個小生命在母體內的發育成長過程，以及產婦生產時的痛苦掙扎歷程。她聲嘶力竭，汗流滿額的經過了艱苦的陣痛，嬰兒呱呱墜地之後，問她生產時的受苦情形，她泛起笑容回答說：「沒有，祇要看見孩子出生，什麼苦楚都忘得乾乾淨淨了。」

多年前，也曾經從報端讀到一篇慈母冒生命危險捐腎的報導，那位母親年過六十，因爲腎脈血管的複雜，使預定的手術多費了三倍時間，又因腹部脂肪過多而增加了新的麻煩。但是，事後問她手術時的痛苦感覺。她坦然地說：祇要救活自己的孩子，吃點苦算不了什麼！

這便是犧牲、奉獻、容忍一切痛苦的母親的愛，這種情愫，是從孩子呱呱墜地的誕生時，是從孩子迫切需要援助時，是從母子連心的情感締結中，是從不求回報無條件的肯定中表露出來的……。

母親的孩子不論他是智是愚，是美是醜，是壯強，是柔弱，是孝順是不肖，她都同樣以全心全意的慈容愛著他，護著他，照顧他，調教他。嬰兒時期是在她的懷抱中長大，獨立時期是在她的深心中長大，婚嫁以後又在她的牽掛中長大。

普天下的子女獲得的母愛，份量完全一樣，如果用天秤來衡量，全像海一般深，山一般高，天一般廣，地一般寬。

在這芬芳五月的愛的節日——母親節，不論是母親健在的，不論是離開了親愛母親的人，心中都會湧出，一連串的懷念，一連串的感謝，和一連串的孺慕之情。想起我們年輕的時代，母親總是問暖噓寒，關心健康，督促功課和鼓勵向上。早晨替我們準備可口的早餐，儘管她有理不完的家事，仍要坐在一旁添粥挾菜，看著你吃得飽飽的才放心。當我們在外地求學或工作，她總會把我們的行囊裝得豐盈無缺，連一根針，一團線都設想得週週全全。等到放假回來，燉補的湯給你滋養，燒好的菜給你加餐，儘管她自己節儉得甚麼都捨不得花。子女偶而生了病，母親更是憂心忡忡，日夜難安，甚至通宵不眠，忘了自己的年紀，也忘了自己的身體。

等到子女結婚生子，她又忙著替女兒送湯送菜的替她做月子，把女兒家零亂的家屋整理得有條不紊，整潔溫暖。而自己有了任何病痛，頂多在藥房買幾顆成藥吃吃。而做女兒的呢，忙著初生的子女和家庭，總是利己而自私的，需要扶持照顧的時候多，對於母親的恩澤深情，何嘗報答過絲毫？

是的，子女獲得母親的恩澤深情，如何報答得完，如何回報得了？而天下母親，卻甘心情願的，死心塌地的，給予子女一切的幫助，一切的扶持，除了希望被愛者的幸福是從不想到任何回報，任何補償的。

就是因爲這種一個是純粹的接受，一個是盡心的幫助，一個是燃燒自己，照亮別人，一個是順應自然，光明無缺，所以，才成爲人世間最崇高、最珍貴、最無私，最偉大的母愛。

願此刻，在這個愛的節日——五月的母親節，願普天下的子女們，爲辛勞的母親，綴上一朵紅色康乃馨，要好好的承歡膝下，盡養盡孝。關心他們的身體，關心他們的健康。

而離開了母親的人，請佩上一朵白色康乃馨，表示對母親無窮無盡的感激懷念，她的恩義，情分感激她的恩德情義。記著她如何照顧我們的子息，也照著她如何照顧我們自己兒女的子息。

也願母親的愛，永遠永遠圍繞著我們，直到天老地荒，地荒天老！

婦友月刊

鄉野新景

趁星期假日這天，到各地郊野去走走，觀賞觀賞鄉間景色，順便參觀參觀不斷興建中的各種別墅造形。

現在，無論走到那個郊區，差不多都有這種普見的現象和新景：一座座青青山脈，不是刮掉一個邊，就是削去一半山，不是推土機轟隆轟隆正在整地，就是在趕工興建山道上的屋坯。

至於已經興建完成的鄉間屋子，一幢幢整齊劃一，一座座美觀大方，極目望去，令人心醉神馳。因爲，那些鄉間宅邸，最出色的地方是：臨近的都是鄉村景色，面臨的都是青山高丘，眼瞳中映現的是深綠、淺綠的色澤，鼻孔中吸到的是清新、澄澈的空氣，聽到的儘是風嘯鳥語，長住在這樣的環境之中，與青山相看兩不厭，與樹叢對話兩不倦，與清風暢訴兩不煩，難怪這些別墅，新城之類的新屋推出後，人們趨之若鶩，推出一批，售出一批甚至還在不斷興建，不斷預售呢！

那天，路過不少的別墅新城之後，又經過內湖的某一山莊，雖然我曾在內湖住了四、五個年頭，但是，到了那兒，竟是似曾相識而面目全非。原本遠處蓊蓊鬱鬱的青色山脈，已冒出一簇一簇的新屋，以前的馬路，已拓成四線大道，原先路邊零零落落的磚房矮屋，尋不到一絲蹤跡，全被高樓大廈和店鋪公寓所替代。

那一座座青山，凡是削去刮平的一半或一邊，該是爲了防洪防坍，坡度陡峭部份，全用褐色的水泥封谷，形成半邊青色半邊褐色，初看雖然顯得有點不順眼，好在層層疊疊的精緻屋宇分散了這個缺陷。畢竟，人定勝天，人的智慧和魄力，可以開天闢地，可以移山塡海。

我們進去參觀了幾間還未售出的新屋，整幢型態全是北歐式，院中茵鋪碧草，異卉呈芳，四周圍著鐵柵。推門進去分成四大間，客廳的壁爐裡柴火熊熊，火舌飛舞，並排的書齋，十分精緻的槐木大書櫥，再裡面是雅潔的餐廳和寬敞的廚房。樓上也有四大間，除了主臥室，還有東西臥房和休息室，由於活用了很多空間，設計也有創見和構思，身臨其間，悅目賞心。

的確，現代建築的日新月異，設計水準的不斷創新，是一個有目共睹的事實。自從二十多年前，都市土地的寸金寸土，公寓樓房應運而生之後，那一幢幢並排，一層層累積的公寓住宅，確實占地少而充分利用了土地，但缺點是形式相同，缺少變化，而且採光不良，缺少空間。於是，在六、七年前又興起了開發山坡地，讓置身市囂的人，能夠得到一處林木掩映的地方安居，然而，由於部份水土保養的工作沒做好，所以，曾有受雨水沖刷，土壤流失而地層下陷的事發生。這以後，營造商儘量把水土保養工作，做得堅固安全，才穩固了房地產業的地位，以後遂得到客戶們的信賴。於是，從三、四年前開始，變遷成不論走到山野或海濱，看到的儘是造型優美的三層樓房或二層洋樓，被稱之爲別墅、別莊、或新城、新村的屋子，結構和設計，一年比一年求新，一批比一批進步，不但成爲人們安身立命的地方，也成爲人們解憂舒心的理想環境了。

那天，我們去參觀某山莊，接待的人介紹說，到這兒來住，不但是買了房子，還買了陽光和空氣，寧靜和安適。可不是嗎，現代人置身市囂，朝夕營營，爲了事業和工作，心力交瘁，一旦能夠下班回到家，把塵間俗務一筆勾銷，寄情山水，煩惱滌蕩，家的意義就在這裡，寧靜的好處也就在這裡！

這趟到那個山莊去走走問問，目的倒不是熱衷房地產，祇是爲了走出紛擾的環境，到郊外看看，不但增加了些許對房屋市場的了解，也認識了另一番鄉野的新景觀。

由於新社區的發展到鄉野，日後，鄉村都市化，都市鄉村化的藍圖，也就在這樣的發展下形成而實現了。

婦友月刊

窗前伴讀

寒假期間，每天都出些功課，給讀幼稚園大班的孫女做。平時，在紙上畫好方格，每句國字旁再劃一行寫注音的格子，全由讀一年級的小外孫負責填寫。那天外孫不在，祇得就我所知，在格內注上字母。孫女剛寫完，外孫們從外面回來，看了笑得前仰後合，說外婆寫的注音不是寫錯，就是四聲不對，結果唸出來怪腔怪調，好像外國人說國語一樣。

由於對注音符號不熟悉製造出的趣事，不由想起這大半生，窗前伴讀的種種回想。從年輕的十六歲開始，我就有燈下寫日記和夜讀的習慣，那時，弟妹還很幼小，正唸著小學，於是，督促他們溫習功課，便成爲義不容辭的責任。那時，縷花紙窗的小吊燈下，姊弟三人總是振筆直書，除了翻書頁的聲音，或是回答一二有關課本上的問題，一室寂然，祇有陪著我們在一旁做針線的母親，偶而發出剪刀和針箍的響動聲。

從春到夏，從秋到冬，這一幅燈下圍坐的畫面，長久不曾變動。在夏天，悶熱的窗外蟲聲唧唧；在秋天，屋外常下著淅瀝秋雨。冬天裏北風在屋頂呼吼，而春天，花壇吹來陣陣花木的芳香，而明窗伴讀的畫面，永遠隨著時間和季候，循環在一個溫煦的家屋之中。

廿多年以後，燈下伴讀又換上另一幅的窗前課子圖。孩子分別上了小學，其間有三個正逢聯考制度下的升學競爭時，因爲不放心補習的孩子走夜路，常在漆黑的小路到學校去接他們。滿滿的一間間高年級教室內，昏黯的燈光下，輔導的老師們坐鎮講壇，疲乏的學童們埋頭苦讀，每當家長出現，一雙雙眼睛全朝向窗外眺望，可憐的學童們，在一天十多個小時不停的鞭策下，飢渴睏倦，迷惘無助，需要進食，需要沉睡，然而，老師卻非到最後一分鐘，是不讓他們離座的。

牽著孩子的手，穿過一盞盞疏落的街燈回到家，熱過飯菜，有時，狼吞虎嚥的撐個飽，有時，懨懨倦倦的吃不下。洗過澡，連忙從大書包裏取出作業，對於那許多寫不完的試卷，作不完的習題儘管落筆如飛，然而困倦像一帖催眠劑，不久，孩子就支額閉目，停筆擲卷，伏在桌上潛遊於夢的世界。

那些日子裏，孩子被課業壓得透不過氣，大人的心也像拉緊了的弓絃，同樣透不過氣，初中聯考的日子愈近，心的絃索也繃得愈緊，好不容易闖過了聯考關卡，不管他們是不是考到好學校，都有一份如釋重負的舒展。不多年後，九年義務教育的德政實施，小窗燈下，重又恢復原有的怡然歡笑。

又幾個十年過去，伴讀和做功課的對象，又換成孩子的孩子了。於是，認字、寫筆劃、數數目、認時鐘，又在案前進行另一幅窗前伴讀圖，所不同的，夜晚換成了白天，燈光換成了陽光，從前的青青鬢髮，已轉變爲此刻的兩鬢霜白。

如今，孩子們由於家庭豐裕祥和，社會安定繁榮，頭腦也越來越聰穎，適應力越來越強，就像初讀小學的小外孫，一厚本注音課本背得滾瓜爛熟，一大冊國字課本考得全無錯誤，這個寒假裡，居然會按照假期作業，每天寫篇日記，藉注音符號之功，不會的字都可用字母代替，因此運用自如，得心應手。

倒是我這個做祖母的，每當鄉音漏出，或是寫錯一個注音符號，孫輩頻頻糾正正確的讀音和寫法，用天眞的口吻說：「外婆，我教你寫。」「外婆，再唸唸看！」

哲人曾說過：「孩子們是上帝的使徒，派來宣揚愛、望與平安。」的確，上帝創造人，有那一樣是比孩子更可親可喜，可塑可造的呢？他們是家庭快樂的源泉，是父母寄望的根源，是社會日後的根柢，是國家未來的希望！

而不管韶光如水長流，也不管窗前伴讀的對象，有過多少回的更換變遷，能與孩子們同窗共讀，時時沾染孩子們的一份純眞歡笑，何嘗不能說是人生一大樂事，心懷一大舒坦呢？

婦友月刊

炎炎故鄉夏

炎炎夏日，憶起故鄉。

幼時夏天裡，總喜歡蹲在河邊石階上，細細的看，靜靜的聽。

岸上拂起南風，蟬在柳梢叫，河水開始漲高，魚蝦在水面嬉戲，不久，划來了一船船圓滾滾的大西瓜，一滿船沉甸甸的黃楊木，都是份量很重，吃水極深。而挑水伕擔起一桶桶水，送往雇主的廚房水缸。

不知不覺，日頭當空，母親在樓窗叫著：「快上來，吃飯嘍」

飯堂大圓桌，已擺好兩桌，有鹹肉湘魚、南瓜毛豆莢，還有好吃的筍丁、豆干丁醬丁，祖父母端坐上方，伯叔姑嬸、母親和我們圍坐四旁，另一桌也是坐得滿滿的，他們都是祖父開設的南貨店裡的帳房、伙計們。

夏天，家鄉沒有電扇吊扇，雕花窗門也沒通風設備，但是，一進一進之間的天井，以及高高牆垣邊，整天有涼爽的弄堂風。

祖父的南貨店，夏天是淡季，傍晚就早早上了門板，讓伙計們早些回家，忙碌的母親，也將晚餐簡化，把中午剩留的菜，吃頓茶泡飯就解決了，伯叔上茶館聽說書，祖父和小輩到後院納涼，這是一天最愜意時刻，坐在涼椅，數數荷缸開了多少朵荷花，花壇紅了多少簇薔薇，玉簪花打了多少個苞，天上星星全亮起，祇是，大星小星，數也數不清。

老祖父指點著天上星斗的名字，老祖母繼續說著她的老故事，聽著聽著，便在雙眼矇矓中睡去了。

翌晨醒轉，河裡又是櫓聲咿呀，碼頭的商船都搭起了跳板，讓糧米蔬果、魚鮮柴薪運到岸上，空氣中充滿過秤談價，籮筐著地的聲響。

河面有七月放河燈的美麗夜晚，這個晚上紙燈燭火搖曳，簫鼓鑼鈸齊鳴，盞盞燈影朵朵點點，忽明忽暗，隨著河水忽快忽慢，忽浮忽沉。

燈節一過，老祖母便要我們少吃生冷瓜果，換吃鮮甜的蓮藕了，接著，楊柳岸有了炒白果的香味。祖父的南貨店開始忙著上貨進貨，驗收點收，棧房撲鼻的蓮棗桂圓，和胡桃海棠果的糖味，等到秋節將臨，回鄉客船擁來，又是銅板角子撒得滿地滾，忙得沒功夫往錢筒裡扔的旺季了。

餘悸猶存

有人按門鈴，原來是鄰居太太。

「聽說你曾經被狗咬過，不知那條狗有沒有問題？」她直截了當的問。

燈光下，發覺她的腳踝全都纏著紗布，我心中暗忖：莫非也是送會錢時給狗咬的？猜測得一點也沒錯，她和我上次到會首太太那兒去標會時一樣，給狗咬傷了。原先，大家全是好鄰居，自從被咬傷，除了幾位目睹的人知道以外，和誰都沒提過這件事。今天，鄰居太太被咬特地跑來問我，才知道那條狗又闖禍了。

「狗是打過預防針，沒問題的。不過，咬人傷人倒是件不可容忍的事，一定又是忘了把牠拴住！」我說。

那是兩個月以前的事了，上午到隔鄰去標那數目不大，全是鄰居組合的一個互助會，按鈴叫門，會首太太不在，由她家的一位朋友，拖住了狗的項圈啓開大門，誰知這隻兇猛可怕的獵狗，竟掙脫頸鍊衝出門來，猛撲在我大腿咬噬，負痛驚叫，牠一鬆嘴，再度追撲咬上另一條後腿，當時幾乎嚇掉了魂，痛得熱辣難受，在一個男子的大聲吆喝下，趁它再度鬆嘴，我一頭衝進巷內一扇紅門內，才逃脫它第三次的襲擊。後來那畜生怎樣被人制伏，便完全不得而知了。

紅門內的太太，好心取出藥膏給我敷擦，但是大腿已見齒痕纍纍，冒出鮮血，另一條腿也是爪痕斑斑，肉破皮脫，這不是普通的小傷，所以立刻進了附近的外科醫院，洗滌、裹傷、打針、取藥，前後足足去了五、六趟，傷得一直坐不上椅子，半個月沒法洗澡。那時，除了自認霉氣，怎能為兇狗肇禍而傷了鄰居感情呢？那一天，會首太太碰巧有事，陪了一整夜中風住院的親戚，次日回家，出去買菜忘了拴狗，應門的是他家一位熟朋友，疏忽了半人高的獵犬是多麼兇猛，遂造成了這樁不幸的事。

然而，有了前車之鑑，實在不該再讓獵狗咬傷了第二人，因此，當時除了同情和慰問敲門而來、走路一拐一瘸的芳鄰太太，又有什麼辦法去追究呢！

提起那獵狗，是會首太太遭到一次小偷洗劫而養。半年前，她出門回家，值錢的東西被偷走，每個房間亂七八糟，遍地都是衣物，簡直沒有插足之處，不久就養了一條兇猛獵犬。但是，這正和防盜鐵門一樣，有利也有弊，好處是可以收到嚇阻小偷的作用，壞處也像防盜欄，有了緊急事故逃生不易。而狗兒終歸是畜生，往往在主人的疏忽之下傷著了人。

無數的意外事故，歸根究底都是害人的小偷引起，沒有宵小猖獗，便沒有關在鐵欄杆裏的萬千住戶，沒有宵小的囂張，也不會發生養狗咬人的事。

受了一咬喪膽，餘悸猶存的經歷，現在，每當晨間去爬山，或是在巷道中行走，遇見闖蕩的狗兒連忙閃避，看到牠們上前嗅嗅聞聞，便侷促不安，直叫放狗的人：「請你叫住牠！」

夜晚狗聲狂吠時就會做惡夢，見到群狗聚集，寧願退回，穿街過巷走另一條路。這些不爲別的，全是因爲「一回遭蛇咬，二回不踩草」而引起的防備。

其實，狗是最具忠心靈性的動物，牠們是人類最好的朋友，因此，實在不應爲了一條狗的傷人，而對所有的狗兒懷有不公道的偏見，而且我家也有一隻從小養大的哈叭狗，祇不過，自從被咬，總是怕見兇狗，怕聞狗吠，常常出於至誠的，希望養有高頭大馬型的狗主們，牽牠們出來溜韃時，把皮鍊套住，免得嚇著了人。

而一個家庭，難免有親朋戚友走訪，就算沒有生人來往，每天也總有送信蓋章的郵差，收水電費或抄電錶水錶的人上門，如果任由兇狠的狗兒散放，難免發生意外。爲了今後不致再蹈覆轍，曾建議鄰居太太，平時要用鍊子將牠拴繫較爲安全，雖然，主人愛護狗兒，希望牠們有較多的活動和自由，但是，防微杜漸，審慎總比發生了事故而再來檢討的好。

婦友月刊

晨間情趣

爬過兩座山，便到了那塊隱蔽在樹林中的臺地。

此刻，橙紅的朝陽，像個燒旺的火球，紋風不動的浮在半空，枝梢的露珠，晶瑩閃爍，由於鳥雀拍翅起飛，露珠萬滴，從枝頭紛紛碎落，好像洒下一陣霏霏細雨。

僻靜的臺地，是我每天做甩手運動的地方。晨光中，眼觀一片碧綠青翠，呼吸一林草木清馨，心中的俗務和雜念，全被密菁的叢樹吸存，慾望與物象，也被澄澈的空氣凝結。悄靜中，唯聞軍營的號音吹起，寺廟的鐘聲敲起，晨跑者的步履響起。

十年前，朋友授我甩手運動，他說，甩手運動能治百病，當時，剛從海外傳來，不久便迅速傳遍各地，尤其是在香港及東南亞一帶地區，更是大受歡迎。甩手運動不需場地，不需器材，祇要抓住步驟要領，心中寧靜，不要懷有任何雜念，就能收到祛病健身的功效。

從那時起，慢慢由數百次增至千多次，時間也由五分鐘增至半小時，而最要緊的是，要練成心平氣靜，超出一切思想意識，達到物我兩忘的寧靜境界，就是通達竅門了。

記得前幾年到香港旅遊，見那層樓疊積，寸金寸土的商業大廈，一層層洋臺空間，都建有一個停車迴廊。晨間，不管馬路上已有人車熙擾，那些忙碌的商界人士，卻在一天開始的奔忙前，靜靜的在那僅有的停車空隙做甩手運動，那種旁若無人，雙臂划向前後擺動的認眞和毫不苟且的精神，覺得那些人非但沒有絲毫商人的市儈氣，而且覺得分外可敬可愛呢！

的確，甩手運動之所以能活血舒筋，通體暢氣，在於方寸靈臺的物我兩忘。當一個人一無所求，一無所思，眞正坦然的面對自己的心靈，作數分鐘或數十分鐘的靜定狀態，是磨練耐力，鍛鍊性情最好的時刻。

於是，不管他是行商市賈，不論他是達官貴人，不管他是販夫走卒或一介平民，當他們處於這種渾然忘我，便是一個人靈明的眞我呈現的時刻。

做完數十分鐘甩手運動，又沿著山路順道而下，到一個寺廟前的廣場，那地方熱鬧極了，好像是個羽毛球的球場。但見羽球疾如勁風，翻飛半空揚上落下，此起彼落，宛若一群群鵨鴿迴翔，又像一簇簇銀箭射發，玩球的人，個個逸興遄飛，意興昂揚。

遇到家人不上班，不必趕回料理雜務的週日假期裏，也躍躍欲試，與女兒玩玩羽毛球，我們佔得一席空隙，發出一個平飛球，於是，一來一往，應接不暇，攻守封殺，得心應手。雖然，我們的球路球技難入高手之林，但是，如果把它當作一項運動，就能收到鍛鍊身心的特有功效，更由於羽球容易學習，不論男女老幼，都能在極短時期領悟領會，而引起熾熱的興趣，所以，這一個空曠的廟前廣地，好像滾雪球似的，玩的人越來越多，甚至把它當作一份閒暇時的消遣娛樂了。

這兩座山之間，有兩座寺廟，一個是佛教，一座是道教，平時，佛教的大殿內經常香火鼎盛，許多信徒在晨誦晚禱，其中不乏遠道而來，所以常有私人轎車停靠，廟前祗有練劍和打太極拳的一小塊場地。而另一座道教一向比較清靜，佛堂內不但設有几椅供人閒坐，甚至成爲莘莘學子們做功課和自修讀書的場地。廟前的廣場，也少有汽車停靠，因此一直被早起的人視爲晨跑的樂園，稍後，也就成爲玩球人的樂園了。

打羽球要流汗，就是在寒冬，也會消耗熱量而汗濕淋淋。因此，運動過後，總感空腹雷鳴，飢腸轆轆，四肢百骸，輕快如飄，而心腦腸腑，更感清澈明淨。迎著朝陽走向歸途，儘管，一大堆繁雜的家事有待料理。然而，每晨有了這一小時的走動，便感十分充實，而且一旦養成習慣，成了生活中日不可缺的課題，有天停做，倒像少做了一件大事般的不妥呢！

在日常的刻板生活中，添入這點清晨的閒情，可以增加無限情趣，儘管時光不停流轉，年歲也在韶光中輕輕流失，然而，生命原本是向前追逐，不停起動的，唯有戶樞不蠹，流水不腐，生命才有意義，才有價值，也不知老之將至！

婦友月刊

生日賀禮

出去玩了三天回到家，屋子變寬了，燈光變亮了，客廳花香動人，地面滑溜溜，牆紙光燦燦的，窗帘全都變新，沙發也改變式樣了。

三天不見，整個客廳改換了模樣，這是怎麼回事？

原來，這是兒女們送給我們的生日賀禮。眞是難爲他們，爲著他們的父母籌劃生日禮，一年年禮物不同，一次次費盡心思，今年，適逢與祇差三天同歲同庚的外子共過六十歲生辰，他們又想出了這一招，趁著我不在，舊的家具丟的丟，送的送，免得讓我看了心疼，樣樣捨不得丟；連客房的雙層鐵床和書桌也全給扔了，將那一間原本壅塞礙眼的客房，放置了一些認爲尚可保留的東西，做成間孫兒們的玩樂室。

原先，牆壁的壁紙是直條，此刻換成米黃一色，所以看起來屋子擴大了。早先的沙發式樣古老，如今換了一套合併式的，所以顯得空間寬敞了。本來是日光照明的美術燈，如今換成新穎水晶燈而變得柔和了。原先客廳沒放盆景，如今學會了插花的女兒展示了她的傑作，融和著無限的馨香。至於幾幅窗帘年前換新時就不怎麼喜歡，這次換上白底藍花的樣式也造成了舒暢效果，而不常打蠟的磨石地，也因打過蠟而滑溜了……。

的確，藍空須要雲朵相襯，花香須要鳥語相配，屋子也靠裝飾陪襯，這麼一來，暗淡的客廳頓變爲美觀的雅室，我心滿意足，朝著這間安身之地不住的打量，嘴裏說：「太好了，謝謝你們！」

我的五個兒女，除了老么尚在身邊，全都成家立業了，由於長子長女住屋近在咫尺，倒是和婚嫁前沒多大分別，孫兒們白天在這兒，下班後各自又把他們接回去，熱鬧家屋重又恢復寧靜。

說實在的，清冷的家屋沒有孫兒的歡笑之聲，眞像冬天裏沒有陽光般的冷冰難受呢！雖然有時覺得吵鬧忙亂，但是，看著他們安分的在餐桌扒完最後一口飯，高興的騎著小車兒在門外玩，或是偶而爆出一句天眞童言，常在平淡的生中激起一陣浪花。

常有親友問及有否子女在國外，我總回答，五個都沒出去，而且都住在一地。他們半是不解，半是自矜的說：這樣好，這樣也很好……。他們常常出境入境，一趟趟走動，輕鬆得就好像到趟東部或南部，談起孫輩如何健壯，兒女如何勤奮，臉上總泛起滿足的笑容。我曾暗喻，兒女在國外成龍成鳳的是富貴的牡丹，土生土長的則像粗樸的一串紅，環境上有著截然不同的區分，在父母眼裏卻並無二致，因爲，母親對孩子的看待份量都一樣。

我的子女從學校踏入社會，從擇友到婚嫁，全都循著一個同一軌跡，那麼平，那麼穩，正如這些年來的生活中沒有風霜雨雪。他們的生活雖平凡，孝心卻可貴，早在他們的少年歲月，每逢我們的生日，總會送張自繪的生日卡，或是一條小小的手絹，幾十年過去，在歲月的路途中成長，在人生的旅途中紛忙，一年年，對於雙親的生日禮永遠牢記不忘，女孩們送的是皮包皮鞋，衣服衣料，再不就是下廚做一桌豐盛的菜。男孩送的都是書籍詩集，唱片檯燈。有一年生日前夕，慣例收聽「平安夜」節目，驀地聽見主持人用輕輕軟軟的聲音說：「有位正在南部服役的預官，要送兩首母親喜愛的老歌，作為生日禮物，這個節目從未接受過點播，但是，這封孝心洋溢的信令人感動，現在，希望這位幸運的母親能聽得到……。」

接著，「擒兇記」的插曲和「激流」的主題曲，全在低沉動人的歌聲，哀傷幽怨的吉他中流瀉而出，這是一件多麼令人驚喜的生日賀禮啊！

是的，歲月如電馳，年華似水流，匆匆數十春秋，忽忽進入花甲，人生的一切誠屬短暫，唯有骨肉親情永遠不變，永遠耐久，也祇有孩子們能夠永遠記著我，愛著我，能夠得到這份歡愉和喜悅，也就足以引以為慰，彌足珍貴的了。

婦友月刊

暮年多珍惜

日昨，去探訪一位住在養老院的朋友。

院址位於一座小山上，住戶繳納保證金數百萬，按月繳房租、伙食費，就有一間媲美觀光飯店的套房。

一天三餐，供有乾飯、稀飯和饅頭，葷素七、八樣，採取自助式。庭園裡花草樹木翠翠綠綠，育樂室乒乓麻將劈劈叭叭，約聘醫師每週過來問候。

朋友年過七十五，看上去還是一身硬骨頭，每天推著與民國同年的老伴到處走，照顧起居，無微不至，住在裡面不用買菜煮飯，三餐有人料理，衣服雇人代洗，日子倒也清閒。

老先生嗜好麻將，每天玩上十來圈，時間也就容易打發，她指盼的就是每個週末假日，兒女帶著孩子前來探望，共享一日天倫。

她表示，倒不是子女不孝，而是忙忙碌碌停不住腳，每家又是小家庭，上班上學，各忙各的，爲了不拖累兒女，少給他們添麻煩，決定住入養老院，由她照顧中風的丈夫。

趁老先生玩牌之餘，與她在柳絲垂拂的水池邊，了解一下養老院裡的種種。她說院裡老人，省籍包括大江南北，教育程度差異甚大，有性情不同的衆生相，有藏龍臥虎的非常人，擁有光榮過去，也有此刻的落寞。

其中有一、二老人，脾氣怪里怪氣，穿著邋遢，腦筋糊里糊塗，常常把過量菜餚裝進托盤，吃不完糟蹋不少食物。

不過大體上來說，絕大多數都認爲住得舒適，活得自在。獨身老人安身立命，頤養天年；有眷老人相依爲命，平安度日。

值得一提的是，兩位年入花甲的院友，由於眞誠相愛，獲得雙方兒女贊同，迎接第二春，願爲連理枝。

另一件令人扼腕事，是一位患有慢性病老人，欠繳好幾個月生活費，子女們個個拖三阻四，推託拖延，直到老人病故往生，又爲押放的數百萬保證金你爭我奪，教人同聲一嘆。

雖說，住在裡面要有很好的經濟力，但俗話說得好：積穀防飢，養兒防老，兒女的貼補，就是對父母最好回饋，讓父母在安定環境中享享清福，彌補一向的省吃儉用；讓雙親在群體生活中輕鬆輕鬆，補償半生的育兒辛勞。

夕陽向晚天，暮年多珍惜，祝福他們個個健康長壽。

89・5・17榮副